López Jordán, María Elena
    Un adolescente en casa : conózcalo, compréndalo y construya una buena relación / María Elena López, Alejandra Gáfaro. -- Editor Mauricio Gaviria Carvajal. -- Bogotá : Panamericana Editorial, 2013.
    232 p. ; 23 cm. -- (Agenda de hoy)
    Incluye índice.
    ISBN 978-958-30-4241-6
    1. Adolescentes 2. Educación de adolescentes 3. Padres y adolescentes 4. Psicología del adolescente 5. Adolescencia y sexo 6. Relaciones interpersonales I. Gáfaro Reyes, Alejandra II. Gaviria Carvajal, Mauricio, ed. III. Tít. IV. Serie.
155.5 cd 21 ed.
A1413710
    CEP-Banco de la República-Biblioteca Luis Ángel Arango

Un adolescente en casa
Conózcalo, compréndalo y construya una buena relación

Primera reimpresión, julio de 2014
Primera edición en Panamericana Editorial Ltda.,
enero de 2014
© 2013 María Elena López y Alejandra Gáfaro
© 2013 Panamericana Editorial Ltda.
Calle 12 No. 34-30, Tel.: (57 1) 3649000
Fax: (57 1) 2373805
www.panamericanaeditorial.com
Bogotá D. C., Colombia

Editor
Panamericana Editorial Ltda.
Edición
Mauricio Gaviria Carvajal
Foto de carátula
© Rido-fotolia.com
Diagramación
Martha Cadena

ISBN 978-958-30-4241-6

Impreso por Panamericana Formas e Impresos S. A.
Calle 65 No. 95-28, Tels.: (57 1) 4302110 - 4300355
Fax: (57 1) 2763008
Bogotá D. C., Colombia
Quien solo actúa como impresor.
Impreso en Colombia - *Printed in Colombia*

Un adolescente en casa
Conózcalo, compréndalo y construya una buena relación

María Elena López
y
Alejandra Gáfaro

Panamericana Editorial / Agenda de Hoy

CONTENIDO

PRÓLOGO

La adolescencia es quizás una de las etapas más inquietantes de la vida, que impacta no solo a los jóvenes, sino también a todo su entorno familiar y social. Un adolescente en casa puede llegar a desestabilizar el hogar si los padres no lo asisten en su proceso; se debe asumir esta etapa como una época de posibilidades, no como un periodo de problemas y conflictos.

Es verdad que la adolescencia es una etapa difícil de llevar para padres e hijos. Sin embargo, parte del compromiso de ser padres es ayudar a los jóvenes a encontrar su identidad, a ubicar un lugar en la sociedad y a hacerles comprender que a pesar de la edad, la familia sigue vigente para ellos.

¿Cómo sobrellevar esta etapa de la manera más práctica y tranquila, tanto para padres como para hijos? Responder a esta pregunta es el objetivo de este libro. Si los padres saben a qué se enfrentan, qué les está sucediendo a sus hijos, por qué etapas están pasando, qué es lo que pasa por sus cabezas, qué es lo que la sociedad de hoy les "ofrece", entre otros aspectos, muy seguramente atravesarán este periodo con mayores herramientas y sin desesperarse.

La adolescencia es la etapa de transición entre la niñez y la adultez, y necesariamente trae una serie de cambios físicos y psicológicos que afectan radicalmente a los niños-jóvenes. En primera instancia, es importante que los padres conozcan estos cambios, ya que esta información les da una pauta de los posibles comportamientos a los que se van a enfrentar. Conocer estos aspectos les permite ayudar a los jóvenes a lidiar con los cambios propios de esta época y a identificar el impacto que estos pueden tener. Por ello, la primera parte de esta obra se centra en explicar, de manera clara y sencilla, las transformaciones fisiológicas y psicológicas que suceden en un joven.

En la segunda parte, el libro presenta una serie de aspectos de la vida del adolescente, que van desde su cuerpo hasta las distintas esferas sociales donde se mueve, que son determinantes para un joven. Así, esta sección comienza haciendo un recorrido por la imagen del adolescente: su cuerpo, su autoestima, los amigos y el ejercicio físico, entre otros. En cada aparte se exponen las situaciones que hoy generan conflicto entre padres e hijos, como la moda y las obsesiones de los medios masivos, y se dan pautas de manejo prácticas, reales y fáciles de usar, de manera que los padres tengan herramientas para sortear cada situación.

Desde esta misma perspectiva se habla de la sexualidad, la familia, el colegio, el noviazgo y la tecnología, mostrando a los padres todas las variantes que una sociedad como la de hoy les "ofrece" y les exige a los jóvenes respecto a cada tema.

En la tercera parte la obra recoge algunas de las situaciones críticas en las que se pueden ver envueltos los adolescentes, informándoles a los padres cuáles son las características de cada una y cómo buscar la ayuda precisa para apoyar a su hijo. En esta parte se tratan temas como la drogadicción, el alcohol y otras adicciones, los trastornos alimentarios y los de ansiedad, la depresión y el suicidio.

Esta obra es un libro actual para padres de adolescentes, que sin reserva alguna trata todos los temas posibles a los que cada joven se enfrenta en la vida real. Sin emitir juicios, las autoras exponen con claridad las diversas situaciones fáciles, difíciles, complejas, etc., que circunscriben el marco social donde cualquiera de sus hijos se puede estar moviendo cada día, buscando no solo informar y alentar a los padres al respecto, sino, sobre todo, apoyándolos en su función de padres de hijos adolescentes. Por esta razón, esta obra no se pensó como un tratado de psicología sino como una guía práctica para padres reales con hijos jóvenes reales, que se enfrentan a diario a situaciones como el pelo largo, la ropa desaliñada, los excesos de alcohol, las relaciones sexuales de los adolescentes, los permisos, las pandillas y las llegadas tarde, entre muchas más.

A ellos, a esos padres que tienen que lidiar a diario con un adolescente en casa, que quieren hacerlo de la mejor manera y con herramientas útiles, va dirigida esta obra.

I. ¿Qué es la adolescencia?

La adolescencia es la etapa de transición entre la niñez y la adultez. Es un periodo de la vida que se caracteriza por cambios relevantes en el cuerpo y en la mente. Es difícil determinar una edad precisa para su comienzo y su culminación, ya que implica procesos tan complejos como la maduración de la psiquis y el desarrollo de las emociones, que son de carácter personal. Además, cada niño vive procesos familiares y sociales diferentes que lo empujan o lo retrasan para comenzar y terminar esta etapa. La sexualidad, a pesar de estar condicionada biológicamente, también tiene en la adolescencia expresiones particulares, dependiendo del contexto, la personalidad y el sexo. Los ritmos individuales son, entonces, la regla, pero en términos generales se puede hablar de los 12 a los 21 años, más o menos.

Esta época se puede definir como un proceso de transición complejo: el niño deja de ser "niño" para convertirse en "algo" que aún no es. Casi podría asemejarse a una metamorfosis. La adolescencia es una etapa donde se ha salido de un lugar, pero todavía no se ha llegado a otro; y es precisamente esto lo que la hace tan turbulenta. Por ello, el joven se siente inseguro, es inestable, cambia constantemente de genio, siente malestar, incertidumbre y miedo. Es completamente lógico. No obstante, hay otros momentos en los que el nuevo desafío le genera entusiasmo, mucha energía y un gran idealismo, lo que hace más compleja la situación. Este bamboleo de sentimientos no solo afecta a los jóvenes, también se extiende a la familia y a los círculos sociales donde él se mueve, porque los parámetros que definen sus interrelaciones cambian. Algunos definen la adolescencia como la época de las grandes exasperaciones: ellos están exasperados con el mundo, el mundo con ellos, y ellos consigo mismos.

A pesar de esto, la adolescencia no debe concebirse como un momento de crisis, sino de cambio y oportunidad. Se trata de una búsqueda de identidad, no de un problema. La mayoría de las expresiones emocionales, intelectuales y conductuales que generan rebeldía y conflicto ceden a la madurez que va adquiriendo el joven.

CARACTERÍSTICAS DE ESTA ETAPA

Varios aspectos caracterizan esta época. Algunos son:

La construcción de la identidad

- En su búsqueda por diferenciarse de los padres y encontrar su identidad, algunos jóvenes presentan una ambivalencia continua entre el impulso de permanecer con ellos y el deseo de independizarse y crecer.
- En esta exploración constante rotan por varios personajes y conductas. Para ello, están en busca de modelos o de grupos a los cuales sumarse. Imitan el tipo de lenguaje y entonación de su grupo de amigos, para lograr identidad y compartir cosas comunes. La idea es encontrar un patrón que los homogenice con otros jóvenes, porque comportarse de acuerdo con unas características grupales los hace sentir más seguros. Con cada nuevo papel ensayan las posibilidades que este les ofrece y las consecuencias que genera. Toman lo que buscan y siguen en la pesquisa. Por esto cambian constantemente de apariencia y

actitud: un día pueden ser rebeldes; otro día, intelectuales o revolucionarios, y así sucesivamente.

- Es constante la dificultad para adaptarse al nuevo estatus social, lo cual es comprensible porque no son niños y tampoco adultos, lo que muchas veces hace que no encuentren su lugar.
- Como los adolescentes aún no han definido plenamente su identidad, actúan diferente en la casa, en el colegio o la universidad, con los amigos y en cada círculo social donde se mueven.
- Oponerse a los esquemas es otra forma de buscar identidad; de ahí surge un poco la rebeldía, también fundada en ese sentimiento romántico de "yo puedo cambiar el mundo".

Nuevas visiones de la realidad

- Los adolescentes empiezan a dejar de lado ese mundo de ensueños infantiles y comienzan a percatarse del tipo de realidad en la que están inmersos: los problemas existen, hay dificultades, la gente falla, los padres no son perfectos, hay que trabajar para conseguir las cosas, la sociedad tiene limitaciones... Se rompen los ideales de "el mundo es perfecto y fácil" para encontrarse en medio de una realidad con imperfecciones y problemas.
- Frente a esto, los jóvenes oscilan entre dos posturas: la idealista de "yo puedo cambiar el mundo" —con la que surge en ellos el deseo de demoler lo establecido para reconstruir algo "mejor y más justo"— y la escéptica y apática, en la que el mundo parece importarles poco. Cualquiera que asuman genera roces con el medio en que se encuentran.

Cambio de los conceptos tiempo y espacio

- Para los niños el concepto de tiempo se limita a "mañana" o a "cuando sea grande" y el de espacio se circunscribe a las áreas que conoce. Es el adulto quien tiene la noción de infinito espacial y de temporalidad, porque concibe la muerte. El adolescente, por su parte, tiene que hacer el traspaso de un concepto a otro, lo que le genera alguna confusión. Es normal que se centre en la inmediatez, pero a medida que va captando la realidad, incorpora los nuevos significados de estos dos conceptos.

- Las prioridades que tenga el adolescente y la importancia que les confieran a las cosas son las que van a regir el manejo del tiempo. Para ellos es más urgente planear y asegurar las vacaciones de verano, que hacer el trabajo escolar de mañana. Lo urgente se les vuelve agobiante. Asimismo, pueden postergar algo eternamente.

La necesidad de pertenencia

- Andar en grupos es producto de la necesidad de pertenecer a algo y de ser reconocidos. Dado que no les es fácil encontrar un lugar, es muy importante poder ubicarse con otros iguales y en las mismas circunstancias.
- Amor y odio son parte de su vocabulario. Esto vale especialmente para su grupo, al cual adora si es aceptado e invitado a participar en sus diferentes actividades o del cual reniega cuando no satisface sus necesidades o no logra insertarse en él de manera fluida.

Crítica y cuestionamiento permanentes

- El proceso de reconstrucción implica generalmente poner a prueba todos los límites que los adultos han establecido en su vida: horas de llegada, permisos, realizar deportes extremos, ensayar con drogas y alcohol, entre otros. Violar las reglas va a ser para algunos un propósito, ya que la oposición, como se dijo, es también otra forma de buscar identidad.

- Cuestionan los valores, principios, reglas, ideologías y límites con los cuales fueron educados, ya que aumenta su interés y necesidad de entender aspectos de tipo político, científico, religioso o místico. Después de reconstruir su identidad, lo más seguro es que retomen muchas de las bases éticas, morales o ideológicas que les inculcaron sus padres. Sin embargo, durante la adolescencia todas ellas van a pasar por un proceso de debate, deliberación y pugna. De ahí que muchos comiencen a inclinarse por ideologías extremas, como los grupos neonazis o, por el contrario, de izquierda. Otros se calificarán de ateos, así hayan sido criados en la más recia disciplina católica. En fin, podrá presentarse todo tipo de "nuevas formas de pensar".
- En ese proceso de reconstrucción, entra una reflexión sobre los valores que rigen su vida para hacer una reclasificación de estos.
- Buscan nuevas ideas y aumenta su sentido crítico de las situaciones y personas, incluidos los padres.

Entre la libertad y la responsabilidad

- Los jóvenes quieren tener toda la libertad posible, pero con frecuencia no asumen las responsabilidades y compromisos que estas conllevan. Es decir, quieren ser autónomos, pero no son consecuentes. Según ellos, los padres deben seguir ocupándose de todo y proporcionándoles los medios que estos requieren, pero sin interferir ni inmiscuirse en sus cosas. Por eso, hacen uso de las cosas de los padres pero según sus criterios: el auto, el dinero, la casa, el teléfono, etc.
- Afirman querer tomar sus propias decisiones sin ser influenciados por los adultos. Sin embargo, muchas veces las dilatan. Es lógico, ya que no saben a ciencia cierta qué es lo que desean.

- Aunque reclaman espacio para hacer lo que ellos creen, parece que se paralizaran a la hora de actuar. Unas veces sucede por miedo, y otras, porque realmente no saben qué hacer.
- Los adolescentes ostentan un pensamiento extremo: todo o nada, blanco o negro. No hay puntos medios. Por ello, pasan de la desesperanza total a la arrogancia extrema. Todas las cosas están catalogadas como alegrías inmensas o tristezas profundas. Todo este proceso puede generar confusión y, muchas veces, sufrimiento.

Manejo de las emociones

- Tienen un manejo muy particular de las emociones. Suelen magnificar todo cuanto les sucede, así como sus capacidades y flaquezas. Los sentimientos toman mucha envergadura, y esto lleva a que el sentimiento que rija el momento gobierne su vida, hasta que un nuevo acontecimiento haga que aflore otro sentimiento que desplace al anterior. La intensidad de las emociones es la que guía la vida de los jóvenes.
- Cuando tienen problemas se cierran herméticamente y se aíslan. Usualmente no piden ayudan. Como llevan dentro algo que los perturba, expresan furia o ira con quien se les acerca, que por lo general son los padres, lo que provoca peleas. Si necesitan ayuda, prefieren pedírsela a los amigos o a algún hermano mayor.
- Suelen tener etapas de ensimismamiento total donde se refugian en sí mismos. Aunque aparentemente muestren un desinterés total por los demás, lo que con frecuencia sucede es que están concentrados en sí mismos.
- El aburrimiento es una constante, aunque no se debe a falta de posibilidades o recursos, sino a la incertidumbre que los caracteriza.

- La inestabilidad emocional en la que se encuentran los lleva a tener muchas relaciones pasajeras, más regidas por las circunstancias que por deseo propio.

CAMBIOS FÍSICOS QUE SUCEDEN

Los cambios físicos de los niños y las niñas se inician en la pubertad. Estos dan inicio al desarrollo sexual, que afecta el aparato reproductor y visiblemente la apariencia externa en ambos sexos.

En la mujer

El cuerpo de las niñas comienza a madurar alrededor de los 10 años de edad. Generalmente los periodos menstruales empiezan a los 12 años, aunque el rango está entre los 10 y los 16 años.

Los principales cambios físicos que se producen en el cuerpo de la niña son:
- Los huesos de la cara maduran, por lo que se ve más grande.
- Los senos aumentan de tamaño, igual que los pezones.
- Los ovarios se agrandan, así como el útero y la vagina.
- Se reafirman las curvas porque se crean depósitos de grasa en muslos, abdomen y caderas.
- El porcentaje graso del cuerpo sube al 22 %, más o menos, lo que pone en marcha el circuito hormonal. Sin grasa, no hay menstruación.
- Los brazos, las manos, las piernas y los pies se agrandan y alargan.
- La piel se vuelve grasa.
- Crece vello en las axilas.
- La cintura se estrecha y las caderas se ensanchan.
- Crece vello alrededor de la vulva.
- Comienza a haber secreciones blancuzcas y viscosas de la vagina.
- Empieza la menstruación.

- La estatura y el peso aumentan.
- El cuerpo transpira y despide olor.
- Aumenta el apetito.
- Alcanzan el 90 % de su estatura antes de la menstruación.

En el hombre

El cuerpo de los niños comienza a cambiar hacia los 11 o 12 años.
- Crecen los huesos de la cara y cambia el aspecto.
- Retrocede la línea de la frente.
- Aparece la barba.
- Los hombros y el pecho se amplían.
- Se desarrollan los músculos.
- Aparece vello alrededor del pene.
- El pene se agranda y se alarga, y se oscurece la piel del escroto.
- Los brazos, las manos, las piernas y los pies se agrandan y alargan.
- La voz cambia, más o menos entre los 14 y 15 años.
- La laringe se agranda y aparece la nuez de Adán.
- Crece el vello en axilas, pecho, brazos y piernas.
- Los testículos aumentan de tamaño y se vuelven sensibles.
- Comienzan a producirse eyaculaciones nocturnas.
- Se forma el esperma.
- La estatura y el peso aumentan.
- El cuerpo transpira más.
- La piel se vuelve grasa y puede aparecer el acné.
- Alcanzan el 80 % de su estatura.
- Llega a menos de la mitad del peso que tendrá de adulto.

CAMBIOS PSICOLÓGICOS QUE SUCEDEN

Quizás el mayor cambio psíquico que sufren los adolescentes es el hecho de tener que aceptar su nuevo cuerpo, lo que les implica modificar su esquema corporal, que es la representación mental que cada persona hace de su cuerpo a partir de las experiencias que viva. Con base en ello, su mente va emitiendo sentimientos y juicios sobre sí mismo, hasta crear su propia imagen. Tasset (1980) lo define como "la toma de conciencia de la existencia de las diferentes partes del cuerpo y de las relaciones recíprocas entre estas, en situación estática y en movimiento, y de su evolución con relación al mundo externo". El esquema corporal, entre otros aspectos, es el que determina cómo percibe una persona el tamaño de su cuerpo (es decir, cómo se ve a sí misma cuando se mira al espejo), si lo considera feo o bonito, alto o flaco, etc.

Durante la adolescencia puede presentarse una distorsión de la imagen que los jóvenes tienen de su cuerpo. Muchos llegan a subestimarse, y algunos, a sobreestimarse. Es muy común la insatisfacción por la figura, aún más en una época donde prima la apariencia física. En esta etapa los jóvenes tienden a compararse más con sus iguales y, sobre todo, con las imágenes modelo que proyectan y difunden los medios de comunicación. La imagen cobra una dimensión muy importante, ya que la conciben como la única manera de acercarse al sexo opuesto o de gustarle al otro, de ser populares en los grupos, de ser tomados en cuenta o no, aceptados o rechazados, etc.; todos estos aspectos cobran gran relevancia en este periodo.

La insatisfacción lleva a los jóvenes a desaprobar su cuerpo, a juzgarse duramente y a creer que otros los juzgan de la misma manera. Además, creen que todos estos cambios solo les suceden a ellos, lo que los lleva a sentirse solos. Esto les genera gran confusión, desconcierto y frustración.

El hecho de que el cuerpo esté en constante cambio hace que la situación sea más compleja. Hay un punto en el que los adolescentes no saben cómo construir su imagen porque realmente no saben cómo van a ser. De ello se derivan identidades transitorias, recurrentes a cada momento de la etapa. Preguntas como "¿quién soy?", "¿cómo me veo?" y "¿cómo me ven los otros?" pueden ocupar mucho tiempo en la cabeza de los jóvenes.

En el proceso de transformación corporal surgen problemas como el sobrepeso y el acné, que comienzan a ocupar el primer lugar en las preocupaciones de los adolescentes. Tanto el sobrepeso como el acné generalmente desaparecen cuando las hormonas logran equilibrarse. No obstante, hay momentos en los que sí se debe buscar ayuda y brindarles alternativas. Hoy por hoy el control del peso se ha vuelto una obsesión para todos, y más para los jóvenes. La idea del peso está íntimamente ligada a la obtención del éxito en todas las áreas sociales. Este tema se tratará más a fondo en el capítulo de la imagen corporal.

Además, estos cambios físicos y hormonales les exigen asumir el hecho de que a partir de ahora existe la posibilidad de desempeñar un papel reproductor y sexual, y esto es quizás la primera gran responsabilidad que tienen que encarar.

El proceso hormonal que está sucediendo en ellos también genera cambios anímicos bruscos, que se suman a los que les genera todo el proceso de la adolescencia, de modo que la situación no es fácil de llevar.

En el ámbito psicológico, los jóvenes también deben lidiar con el desprendimiento progresivo de los padres, lo que ocasiona en algunos ansiedad y sentimientos encontrados. Por un lado, desean alcanzar sus propios anhelos, pero, por el otro, no se sienten seguros para hacerlo solos o no saben cómo enfrentarlo con sus padres sin que estos se sientan heridos o asuman una postura de oposición.

Este también es el periodo en el cual se manifiestan más los trastornos alimentarios. Las estadísticas muestran que el mayor número de casos aparece en mujeres adolescentes, aunque el número de hombres es creciente también. En la parte III se tratará más a fondo este tema.

Otro aspecto relevante y que debe ser tenido en cuenta porque afecta la psiquis del joven es el hecho de creer que ellos son los únicos que están pasando por esta transición. Muchos hasta suponen que varios de los cambios que sufren no son normales. La incertidumbre y la angustia que esto genera son comprensibles.

QUÉ PASA CON LOS PADRES EN ESTA ETAPA DE LA VIDA DE LOS HIJOS

Por lo general, la adolescencia de los hijos se presenta en una época en la que los padres están viviendo la etapa de los 40 a los 50 años. Este es un tiempo de reflexión, revisión y cuestionamiento en los adultos sobre lo que se ha logrado en la vida, sobre si se ha hecho bien y sobre qué se hará con la vida que sigue por delante. Por ello, para muchos padres es difícil vivir su propia etapa y tener un hijo al lado que, además de estar pasando por un momento complejo, los está cuestionando permanentemente, juzgando sus acciones y procederes y los está confrontando con las mismas preguntas que ellos se están haciendo. Si un padre no es lo suficientemente estable emocionalmente y no ha resuelto sus preguntas, con seguridad las fuertes intervenciones de sus hijos le van a remover el piso.

Los padres deben tener claro que ellos también están viviendo una época compleja, de la que la adolescencia hace parte, no como una coincidencia, sino como una consecuencia. Parte de la crisis de los padres se da porque empiezan a sentir el desprendimiento de sus hijos, el envejecimiento inminente y el advenimiento de la muerte, y esto, aunque muchos no lo crean, sí afecta. Por eso, para que la adolescencia no sea una etapa devastadora, es mejor llegar a ella preparado. Como es prácticamente imposible predecir cuáles van a ser los comportamientos de sus hijos no se puede estar totalmente preparado para ellos, pero por lo menos sí tener conocimiento sobre las distintas vicisitudes que todos estos cambios implican. En este periodo los hijos van a ser testigos implacables de su existencia; evalúan sus logros y pueden sacar a flote sus temores y prevenciones; es mejor estar preparados para ello.

Durante la adolescencia, los padres dejan de ser ídolos y líderes de sus hijos. Esa imagen de padres perfectos que se hicieron sus hijos de pequeños, se rompe en esta etapa. El joven comienza a ver a sus padres como seres reales, que se equivocan, que cometen errores, que fallan. Esto no solo es duro para los adolescentes, también lo es para los padres.

Otro aspecto que presenta mucho conflicto es que los adultos sienten temor al ver a sus hijos avanzar en esferas que ellos nunca lograron, por ejemplo: la universidad, ciertos trabajos, el aprovechamiento del tiempo libre, hablar varios idiomas, el manejo y uso de la tecnología, entre otros, que los cuestionan fuertemente sobre sus vidas. También se da el caso de los padres que tratan de imponer en sus hijos la superación de los desaciertos que ellos cometieron cuando eran jóvenes, deseando que sus hijos realicen lo que ellos no hicieron, como una manera de reivindicar sus faltas con la vida. Asimismo, están aquellos padres que desean que sus hijos sigan sus mismos patrones y caminos, porque fue la forma como ellos lograron el éxito. Abundan los padres impositivos que desconocen otros caminos y otras alternativas. Esta es una de las grandes causas de las peleas durante la adolescencia.

Los padres deben asumir que el papel protagónico en la vida de sus hijos terminó. Es mucho más difícil para los jóvenes superar esta etapa cuando sus padres no toleran el distanciamiento porque temen que sus hijos se independicen; será más fácil atravesarla cuando los padres son más reflexivos. Aquello suele sucederles a adultos sobreprotectores, autoritarios y controladores.

El otro extremo son los padres que se desentienden de lo que está sucediendo. Usualmente es porque no saben cómo manejar la situación. Son ellos entonces los que les dan libertad total a los hijos, dejándolos a la deriva. Contrariamente a lo que muchos padres piensan, esto lo asumen los jóvenes como abandono e indiferencia, no como una ayuda.

CÓMO DEBEN PREPARARSE LOS PADRES PARA ESTA ETAPA

- La primera regla es ser realista. La adolescencia sí es una época difícil que con frecuencia pone a prueba, hasta los límites, su capacidad como padre. Asumirlo como tal puede hacer la diferencia.
- Manténgase informado. Conocer los cambios físicos y psicológicos por los que va a pasar su hijo, le dan una pauta de posibles comportamientos.
- No se desentienda de esta etapa. Aunque parezca que sus hijos no quieren saber nada de usted, sí lo necesitan.
- Asuma una actitud de ayuda. Se trata de propiciar el paso del adolescente a la vida adulta, no de entorpecerlo.
- Esté dispuesto a la apertura y al cambio que el adolescente va a promover en su vida y en su familia, hay cosas que sí pueden ser plausibles y que sí son aceptables.
- No se predisponga. Conocer y estar preparado no significa estar prevenido y orientado a que todo va a ser negativo.
- No se estrese, hay muchas más estrategias de ayuda de las que se imagina.
- Siempre tenga presente que los padres sí ejercen una influencia enorme sobre sus hijos. Aunque no lo crea, los jóvenes sí quieren y necesitan a sus padres.
- Mantenga siempre los canales de comunicación abiertos.
- Esté dispuesto a brindar opciones, ellos sí las van a requerir en un momento dado.
- Bríndeles información: libros, revistas o folletos sí serán consultados por ellos.

Para ser buenos padres de adolescentes

- Ármese de amor, paciencia, sentido común y habilidad de aprender y adaptarse, y esté dispuesto a ofrecer orientación y disciplina, incluso en los momentos difíciles de esta etapa de los hijos. Entienda que no hay soluciones rápidas o abracadabras para los retos que representa ser padres ni para los muchos problemas con los que los hijos se encontrarán conforme vayan entrando en la adolescencia.
- Preste atención a los aspectos de los adolescentes que realmente importan: sus sentimientos, necesidades y expectativas. Intentos juveniles por llamar la atención como la ropa, la música, el manejo del cuerpo o la independencia, aunque impresionen a los adultos, no siempre son asuntos de gravedad. Lo que en verdad necesitan los jóvenes es una mirada realista a ese nuevo despertar, plena de atención y reconocimiento, pero también de una orientación afectuosa.
- Establezca reglas claras, consistentes y justas. Los padres deben discutir lo que se permite o no en la casa y los valores que se consideran importantes en la familia. Un conjunto pequeño de reglas consistentes funcionan mucho mejor que una larga lista de normas sin fundamento. A nadie le gusta que le pongan tantos límites a su comportamiento, aunque sea por su propio bien, pero tenerlas ayudará a que el joven no cree las suyas propias y a que sepa en qué terreno se mueve. Las normas pueden ser comentadas y discutidas con los jóvenes. Pueden variar en función del nivel de desarrollo y de los comportamientos y responsabilidades que los padres quieran enfatizar. Defina claramente las reglas familiares. Comunique claramente lo que se espera y las conductas que son inadecuadas. El padre sigue siendo usted, no tenga temor de llevar a la práctica su autoridad, estableciendo límites y siendo firmes en el cumplimiento de ellos.
- No se tome demasiado en serio la protesta del adolescente, no la considere un ataque personal ni reaccione exageradamente a ella. Cuando un adolescente se comporta de una manera ilógica porque "él lo sabe todo" o se enfada por cualquier cosa, ese joven está actuando simplemente como lo que es: un adolescente. Un padre inteligente entiende ese comportamiento emocionalmente inmaduro y tratará con él de la mejor manera.

Consejos generales

- Tenga presente que la manera como los jóvenes están afrontando y resolviendo las situaciones que se les presentan es lo que va determinando su carácter y sus posibilidades futuras.
- Déjeles hacerse cargo de las elecciones que realicen, esto es parte de madurar.
- Estimúlelos a experimentar y a crecer confiando en sí mismos.
- La manera como se les otorgue independencia es definitiva.
- Deles la libertad y la autonomía que requieren, sin dejar de vigilarlos. Hay que dejar hacer, pero no más allá del límite.
- Crea en el hijo que educó. Los valores y principios bien fundados son difíciles de remover.
- Hay que dedicarles tiempo a los adolescentes. Habrá momentos en que ellos lo soliciten; esté ahí para cuando esto suceda.
- Respeto y tolerancia deben ser de ahora en adelante las bases de todo trato.

Cuando aparecen las dificultades

Las luchas entre padres e hijos son comunes en esta etapa porque los adolescentes empiezan a establecer su sentido de independencia. Es normal que los hijos no siempre estén de acuerdo con los padres, ni estos con ellos. El enfrentamiento, la disconformidad y los conflictos son parte de la vida cotidiana con un joven.

Las luchas de poder durante la adolescencia no pueden ser del todo evitadas. Por esta razón, lo mejor para los padres es intentar anticipar los problemas o conflictos que puedan surgir y aprender a tratar con ellos. Conocer al adolescente y saber qué se puede esperar de él en términos de cómo maneja los conflictos, enfrenta las dificultades, se repone a las pérdidas o acepta una negativa, entre otros aspectos, seguramente facilitarán las cosas. Enséñeles maneras aceptables de resolver las diferencias y los desacuerdos, sin entrar en conflicto. Algunos adolescentes no tienen las habilidades sociales o la madurez emocional suficiente para saber cómo comunicar sus desacuerdos sin entablar una pelea.

En todo caso, los desacuerdos y desavenencias entre padres e hijos deberían ser tratados, siempre que sea posible, mediante la comunicación y la negociación. Cuando el conflicto aparece, es importante no perder la calma. Si se enfada y pierde el control, su hijo también lo hará. Esto provocará que la pelea vaya subiendo de tono cada vez más. Imponer una norma con tranquilidad pero firmemente no es lo mismo que gritar y criticar, lo que comúnmente sucede. Reducir una discusión a esto es convertir la batalla en una lucha de poderes donde nadie gana. Recuerde que los jóvenes tienen la misma necesidad que los adultos de mantener su orgullo y dignidad. Si alguien los grita, critica o humilla, hiere su orgullo, su sentido de dignidad y su disponibilidad de escuchar y obedecer en el futuro.

Cuando algo complicado ocurre con los hijos, también es el momento para replantearse muchos aspectos de la familia, de la educación de ellos y de la relación entre los padres. Por doloroso que sea, en los momentos difíciles se necesita mucho más el amor y la solidaridad de la familia. Cada hijo merece, además de eso, varias oportunidades para ir construyendo su vida, con ensayos, errores y contradicciones.

Claves para enfrentar con éxito los conflictos

- Actuar racionalmente, no solo reaccionar emocionalmente. Con frecuencia, los padres son los que provocan la rebeldía en vez de inspirar mejoras. Evite la crítica y los juicios; estos descalifican al joven y pueden hacer que genere más oposición.
- Mostrar comprensión. Entender no significa estar de acuerdo ni pasar por alto, sencillamente es comprender la percepción del adolescente.

- Aclarar las causas. Muchas veces el enfado de los hijos con los padres es producto de un desplazamiento de sus preocupaciones por problemas con los amigos, el colegio o con algún otro miembro de la familia.
- Dejar que se calmen las cosas y después arreglar los problemas. Abandonarse a las emociones del momento —que por lo general son ira y furia— no deja nada bueno. Usualmente, solo se dicen cosas de las que después se arrepienten.
- Conceder a los hijos el beneficio de la duda. En vez de asumir que quieren sabotear las cosas, debe pensarse que en realidad sí quieren resultados positivos y sencillamente no saben cómo obtenerlos.
- Discutir respetuosamente. Hágale saber al joven cómo se siente usted, como padre, frente a lo sucedido. Busquen juntos una solución: el respeto mutuo y la participación equitativa en la resolución de conflictos es una buena salida.
- Dar seguridad y mostrar fe en que el joven va a ser capaz de manejar sus dificultades y encontrar salidas a sus problemas.
- Dejarlo pasar. Esta actitud no implica rendirse, sino más bien aceptar que a veces los problemas se resuelven sin que los padres intervengan.
- Escuchar lo que el joven tenga para decir, cómo se siente y qué no le gusta. Hacerlo de manera reflexiva es evitar imponer el punto de vista del adulto para comprender el del adolescente.
- Asumir que algunas dificultades no tienen una solución inmediata y requieren un proceso para su resolución. En algunos casos, el tiempo también se encarga de poner todo en orden.
- Tener una mirada positiva, aunque los problemas sean realmente difíciles. Lo positivo es fácil de encontrar, si uno está dispuesto a buscarlo.
- Si los conflictos entre padres e hijos se hacen crónicos o recurrentes y no se avanza en su solución, es necesario buscar ayuda profesional.

II. Imagen corporal y adolescentes

Autoestima

La autoestima es la valoración que cada persona hace de sí misma, sea positiva o negativa, conforme a las experiencias que haya tenido a lo largo de su vida y a las impresiones y sensaciones que tenga de la forma como otros lo ven. Las personas con mayor autoestima viven más contentas consigo mismas, lo que repercute en todas las áreas de su vida. Varias encuestas han demostrado que las personas con alta autoestima son mejores trabajadoras, logran más las metas que se proponen, son más felices y ostentan una mejor salud física.

Por su parte, las personas con baja autoestima suelen ser inseguras, tienen un mayor nivel de frustración, tienden a ser cohibidas, desconocen o desconfían de sus propias capacidades, pocas veces logran desarrollar plenamente sus deseos o concretar sus proyecciones.

La autoestima se construye en gran medida en la infancia en el ámbito familiar. Es allí donde el individuo, a partir de las relaciones con sus padres y hermanos, se va considerando parte de un contexto que le otorga un valor y un papel. Por medio de este proceso la persona va sabiendo cómo la perciben los demás, cuán importante es para ellos, si sus habilidades sociales funcionan o no, si es aceptado o rechazado, si es capaz de incorporarse al medio, entre otros aspectos. Con base en esto, conforma su autoconcepto y comienza a valorarlo. De ahí la importancia de los primeros años de edad en familia.

Los valores y principios de cada uno son determinantes en la conformación del autoconcepto, ya que actúan como filtros de la información que recibe a diario una persona. Estos son los que discriminan, por ejemplo, qué es relevante y qué no, qué hay que incorporar y qué desechar. Esta selección de información considera variables socioculturales, de sexo, de edad, de intereses, etc. De ahí que la autoestima y el autoconcepto varíen entre las personas, así como entre culturas y sociedades.

La autoestima y el autoconcepto también están relacionados con los prototipos sociales, con los cuales la gente tiende a compararse. Evidentemente estos cambian de sociedad a sociedad y con el tiempo. A medida que la persona crece, cambia el concepto de sí misma y, por ende, su autoestima. Por lo general, con la madurez llega un equilibrio emocional respecto a estos dos conceptos.

En la adolescencia afloran notoriamente el autoconcepto y la autoestima porque es el momento en el cual el individuo se enfrenta a la sociedad exclusivamente por sí mismo. En esta etapa se ponen a prueba, por decirlo así, las bases que establecieron los padres en sus hijos. Es acá donde se sabe si el joven reconoce sus capacidades y habilidades —así como sus debilidades— y sabe hacer uso de ellas. En esta puesta en escena de sus destrezas sociales, van a relucir sus fallas y sus aciertos. De ahí que sea importante que los padres estén presentes, observando y aconsejando, dejando ser, pero apoyando en todo a sus hijos.

Durante la adolescencia, la autoestima va a estar muy condicionada por dos elementos: el aspecto físico y la aceptación de los compañeros. El aspecto físico, como ya se ha señalado en el capítulo anterior, sufre cambios radicales. Los niños y las niñas ven cómo sus cuerpos comienzan una transformación que toma tiempo y que a ciencia cierta no se sabe cómo va a concluir. Muchos tienen que pasar por la etapa del acné, el sobrepeso, los frenillos en los dientes, etc., que realmente puede llegar a ser desalentadora. A esto se suma la presión constante de los medios y la publicidad por ser "lindos" y el inmenso deseo interno de gustarles a los demás. Desde esta perspectiva, es comprensible la incertidumbre interna y el desasosiego que caracterizan a los jóvenes en este momento.

La aceptación por parte de otros también tiene un papel relevante. El ser aceptado o rechazado por sus iguales confirma su autoconcepto y fortalece su autoestima o, por el contrario, los desestabiliza completamente. Como se menciona en el capítulo de las relaciones, la aceptación de otros y la pertenencia a un grupo son vitales. Sentirse marginados en ambas áreas les genera un gran conflicto.

Por lo general, una baja autoestima conlleva un proceso de socialización con fallas que muchas veces hace que el individuo se aísle, lo rechacen, se acompleje, etc. Estos sentimientos, a su vez, afectan más y disminuyen notablemente la autoestima, de manera que se crea un círculo vicioso al respecto. Este círculo debe romperse, de otra manera será difícil que la persona logre una incorporación satisfactoria a la sociedad.

Hoy en día es muy común que muchos adolescentes presenten un bajo nivel de autoestima. La crisis de valores que ostenta la gran mayoría de las sociedades ha llevado a que los jóvenes establezcan su autoconcepto y su estima sobre fundamentos equivocados. Por ejemplo, actualmente —según varias encuestas— el número de jóvenes que señalan una insatisfacción con su aspecto físico es muy alto; además, este comienza desde edades más tempranas. Sondeos realizados por investigadores en Estados Unidos muestran que ya a partir de los 8 o 9 años de edad las niñas y los niños comienzan a hacer dieta y a quejarse de su aspecto físico.

Como se ve, esto no es exclusivo de las niñas, las cifras incluyen al género masculino también y de manera alarmante. Asimismo, y aunque no necesariamente como consecuencia directa, también ha aumentado drásticamente el número de personas con trastornos de alimentación, principalmente en edades adolescentes.

Es importante que los padres ayuden a que sus hijos revisen cuál es el fundamento de su autoconcepto y de su autoestima. Muchos jóvenes se obsesionan con la apariencia física, comienzan las dietas rigurosas, la obstinación por la moda, los gimnasios y las cirugías plásticas. Varios de ellos creen que solo por medio de la apariencia física lograrán entrar a un grupo, ser aceptados, reconocidos o encontrar pareja. Por lo general, estos chicos están muy influenciados por el prototipo de belleza que imponen los medios y la moda, parámetro que hoy en día está generando mucha polémica, ya que en varios países enfermedades como la anorexia y la bulimia han alcanzado índices prioritarios de salud pública.

Es sumamente importante que el autoconcepto sea equilibrado y que la autoestima esté en un lugar propicio. La gente que se siente más cómoda con su apariencia puede dedicar mayor esfuerzo y concentración a otras actividades; logran en mayor número realizar sus metas y pueden proyectarse mejor en diversos ámbitos, ya que dedican todo su tiempo y energía a ello.

El cambio corporal que sufren los jóvenes en la adolescencia implica que ellos van a tener que adaptarse a un nuevo cuerpo que con frecuencia sienten como ajeno y extraño. Es normal que durante el proceso se sientan incómodos. Muchos de ellos, además, van a compararse con sus pares, a confirmar si los cambios que viven los están viviendo otros, al mismo tiempo y con la misma intensidad, lo que también ocasiona conflictos porque los ritmos son diferentes. Muchos, entonces, se van a preocupar porque se "demoran" en crecer, no les sale vello, mucho menos barba o, en las niñas, porque no les llega la menstruación o no les crece el busto. En algunos casos, estas inquietudes van a tomar una dimensión importantísima para ellos, casi obsesiva, porque creen que de allí se desprende su éxito con el sexo opuesto. Así, cada género centrará sus preocupaciones sobre lo que la sociedad vigente considere como elementos atrayentes, símbolos de feminidad o masculinidad.

En estos momentos es muy importante que los padres estén ahí para aclarar dudas y para acompañar los cambios físicos. Deben ayudar a los jóvenes a que los acepten y los manejen: por ejemplo, las niñas van a necesitar consejos sobre cómo usar las toallas higiénicas y los tampones, cómo depilarse, qué ropa usar, cómo maquillarse, etc. Los muchachos necesitarán un consejo para saber cómo afeitarse, qué vestir, cómo conquistar a una joven, etc. Los padres creen que estos aspectos son detalles superfluos, pero tienen gran importancia para los jóvenes. Recuerde que ahora lo físico es relevante y la aceptación de los amigos también. Ayúdelos a que esta incorporación a la sociedad sea efectiva y agradable.

Los padres deben tener presente que la construcción del autoconcepto y de la autoestima no solo se fundamenta en el individuo, pues la opinión y los comentarios de los demás tienen gran relevancia. Más cuando hay una sobrecarga de información que acosa a los jóvenes en todo momento, sobre cómo deben ser, qué deben comer, vestir y hacer. Los padres no pueden desconocer el medio en el que están creciendo sus hijos y la información a la que tienen acceso. En la medida en que comprendan los imaginarios colectivos que rigen la generación que se está formando, entenderán más las actitudes y acciones de sus hijos. Solo así sabrán cuáles son los modelos que ellos quieren seguir, qué prototipos quieren alcanzar, cuáles son sus ídolos y por qué. Esta es la única manera en que comprenderán en qué medio es en el que sus hijos están buscando su identidad, fundamento de su autoestima. Establecer estos marcos de referencia les permite también a los padres elaborar estrategias en pro o en contra de esta información, a manera de herramientas, para que sus hijos puedan tener el criterio suficiente para decidir qué escogen y qué no.

Consejos para promover una mayor confianza en sí mismos

- Confíe en la naturaleza del joven. No siempre está equivocado o actuando de manera insensata.
- Acepte sus gustos, así sean muy diferentes a los suyos. El pelo desordenado, la ropa descuidada o la música estridente no lo hace desagradable, inadaptado o incompetente.
- Estimule la expresión de sus sentimientos. Esto tiene lugar cuando usted es capaz de aceptar que el joven puede sentir al tiempo diferentes emociones: pasar de un estado de euforia a otro de decepción sin razón aparente. Se trata de hacer un esfuerzo real por comprender sus sentimientos.
- Demuéstrele interés y atención por sus cosas. Esto no significa tener que estar enterado de todos sus movimientos. Se trata de un deseo genuino de conocerlo y saber cuáles son sus preferencias, que no necesariamente coincidirán con las suyas.
- Hágalo sentirse capaz. Cuando se le permite tomar decisiones, se está confiando en que de verdad pueda tomarlas. Esta es una manera de transmitirle la idea de que sí se cree en él, al igual que permitirle equivocarse y darle la oportunidad de reflexionar y corregir. También es importante no ponerle exigencias demasiado altas para su edad.
- Esfuércese por comprender sus sentimientos. El adolescente ya de por sí siente que no es comprendido, de manera que sentirlo en firme es peor porque genera en él resistencia a llegar a acuerdos y negociaciones.
- No lo regañe siempre.
- Haga que realice sus cosas porque quiere, no por chantajes ni amenazas.
- Alábelo, pero sin exagerar. Los adolescentes necesitan estímulos reales y creíbles por ellos.
- No lo critique por su forma de ser y mucho menos en público. Evite comentarios de tipo comparativo.
- No se burle ni se ría de sus errores.

El desempeño de los adolescentes en los ámbitos académicos y en las actividades extracurriculares es un indicador de su autoestima. Por lo general, cuando los jóvenes presentan un mal desempeño en alguna de estas actividades, muy probablemente su autoestima se encuentra en una situación crítica. Esto lo lleva a sentirse incapaz de cumplir con lo que se le exige; los resultados van a demostrarlo, lo que, a su vez, va a constatar su "incapacidad" y a afectar su autoestima. Es un círculo vicioso.

Para conocerse a sí mismos

- Los jóvenes necesitan saber que están en capacidad de hacer muchas cosas; por eso, permítaselo.
- Incentívelos a hacer lo que usted sabe que les gusta.
- Ayúdelos a enfocar sus capacidades en una actividad.
- Hágalos caer en la cuenta de cuáles son las cosas que hacen bien y para qué son más hábiles.
- Motívelo para que piense sobre preguntas como:
  - ¿Quién soy?
  - ¿Cómo soy?
  - ¿Qué pienso de mí mismo?
  - ¿Cuáles son mis fortalezas y debilidades?
  - ¿Qué me hace sentir muy feliz, triste, decepcionado?
  - ¿Qué admiro de mí mismo?
  - ¿Qué me es desagradable?

CIRUGÍAS PLÁSTICAS Y AUTOESTIMA

Como ya se ha visto, la belleza física y la apariencia ocupan un lugar importante en la construcción del concepto de autoestima. Desde tiempos muy remotos, las personas han recurrido a diversos métodos para lucir más bellas, según los esquemas reinantes en sus sociedades y en cada época. Así, se ha apelado al maquillaje, la cosmética, los peinados, la moda, etc. Hoy, gracias a los avances de la ciencia, muchos elementos físicos se pueden cambiar gracias a las cirugías plásticas, en busca de una mejor apariencia.

Las cirugías plásticas pueden ser de carácter cosmético o reconstructivo. Estas últimas corrigen malformaciones o defectos del cuerpo, ya sean de nacimiento o como resultado de accidentes. La cirugía cosmética, por su parte, se usa para cambiar una parte del cuerpo cuando la persona no está satisfecha con su apariencia.

Por lo general, la gran mayoría de las personas que recurren a una cirugía estética lo hacen por razones cosméticas, no reconstructivas. Todas las personas están en libertad de cambiar lo que no les guste de su apariencia, siempre y cuando las condiciones fisiológicas de sus cuerpos lo permitan, estén dispuestas a asumir los riesgos y puedan costear las cirugías, ya que en general estos procedimientos quirúrgicos tienen un alto costo económico. No obstante, siempre es importante buscar las verdaderas razones que llevan a la realización de una cirugía estética. Todas las cirugías, por sencillas que parezcan, tienen riesgos; evidentemente, unos son más altos que otros. Sin embargo, someter el cuerpo a ellos sin una razón realmente justificada quizás no sea recomendable.

Hoy la presión de los medios masivos y de los mensajes publicitarios, que han asociado belleza con éxito, lleva a mucha gente a tomar medidas drásticas con su cuerpo, con tal de verse "bellos", según los esquemas comerciales, o a ser "aceptados" por los demás. La verdad es que muchas veces, cuando la raíz del problema no es física, sino psicológica, por más que se realice una cirugía, el descontento propio con el cuerpo va a seguir.

Los motivos que llevan a una persona a realizarse una cirugía siguen siendo polémicos. Muchos afirman que el solo capricho es ya una justificación suficiente que no admite cuestionamiento alguno. No obstante, otros argumentan una homogeneización de la belleza según unos parámetros comerciales, más que reales. Por ello, ahora son miles las mujeres que se operan para verse como fulanita de tal, dejando diluida la identidad personal y la diversidad en la "belleza colectiva". La polémica sigue abierta.

Cirugías y adolescentes

Ahora es común que los adolescentes recurran a las cirugías plásticas, sobre todo las jóvenes. De hecho, está de moda pedir una cirugía de senos como regalo de quince años o una liposucción para afinar la figura. La presión por la apariencia física a la que están abocados los jóvenes hoy hace que muchos soliciten a sus padres y hasta les exijan una cirugía estética como "remedio" a sus problemas. En casi todos los casos, una cirugía en adolescentes es inoficiosa porque es muy común que el problema no se ubique realmente en el físico, sino en la mente del joven, y lo que se requiere entonces no es un cambio drástico en la apariencia, sino un buen trabajo para fortalecer la autoestima y transformar el autoconcepto. Son muchos los casos de jovencitas que se operan sin obtener el resultado esperado y, lastimosamente, también son muchas las mujeres que han muerto en un quirófano tratando de verse más bellas. Cuando una persona tiene una deformación de su imagen corporal —es decir, cuando se ve diferente de como realmente es, por ejemplo: se ve más gorda, fea, etc.—, no hay cirugía estética que valga. La intervención para corregir esto es netamente psicológica. Por ello, antes de que los padres decidan facilitar una cirugía estética a alguno de sus hijos adolescentes, primero deben tener en cuenta y pensar:

- ¿Cuál es la verdadera razón que motiva al adolescente a solicitar a los padres una cirugía estética?
- ¿La razón es relevante?, ¿realmente influye en su autoestima de manera contundente?

- ¿Qué consecuencias podría traer a su vida esta cirugía?
- ¿El joven está preparado psicológicamente para asumir este cambio?, ¿qué espera él que suceda en su vida con este procedimiento?, ¿es consecuente lo que espera con los posibles resultados?
- ¿Qué riesgos tiene la cirugía?
- ¿Los riesgos son equiparables a la necesidad de hacerse la cirugía?
- ¿Es la cirugía plástica la única salida posible?
- ¿Pueden costear la cirugía?

Los padres no deben tomar a la ligera este tipo de decisiones. No solo pueden estar poniendo en un gran riesgo la vida de sus hijos, sino que también les pueden estar dando el ejemplo equivocado. Cuando un joven es caprichoso, satisfacerle constantemente un deseo no es la forma de educarlo ni criarlo, es la forma de crearle un nivel de frustración muy bajo, que el día de mañana le va a ocasionar muchos problemas en la vida. Por su parte, si se trata de darle una salida rápida a un problema que tiene otras causas, los padres le están mostrando al joven la ineficiencia de esforzarse y perseverar y de erradicar el problema de raíz. Este es uno de los casos que con más frecuencia se ve en consulta: jovencitas que logran que sus padres les regalen una liposucción en su afán por adelgazar, pero que de nuevo presentan problemas de sobrepeso a los pocos meses porque no atacaron realmente el problema de raíz ni se tomaron el tiempo para hacerlo. Querer resultados inmediatos no siempre es la mejor manera de encontrar resultados perdurables. Los padres también deben recordar que la adolescencia es una época de incertidumbres extremas y que muchos jóvenes aún no saben qué quieren. Quizás lo que se necesita entonces es esperar unos meses para que el joven pueda aclarar sus ideas. También es importante tener presente que en muchos casos el cuerpo del adolescente todavía no ha acabado de crecer, lo cual puede alterar aún su apariencia.

No obstante, también hay casos en que sí es válido recurrir a una cirugía plástica. Si tal es la situación, los padres deben tener presente:

- Informarse bien del procedimiento quirúrgico al que su hijo será sometido.
- Averiguar por un cirujano calificado, con la debida licencia médica, y un centro especializado con todas las condiciones de higiene necesarias y aprobado por la ley.
- Conocer todos los riesgos posibles.
- Ser realistas respecto a los resultados.
- Preparar al joven psicológicamente para asumir su cambio.
- Cuáles son los cuidados que deben tenerse antes y después de la operación.
- Posibles consecuencias.

Cuándo no es recomendable una cirugía

Según varios expertos, no es recomendable recurrir a una cirugía estética cuando:

- Se está pasando por un momento de crisis: una separación, un duelo, etc.
- Se tienen expectativas irreales respecto a los resultados.
- Se busca parecerse a alguien más.
- Se está obsesionado con algún aspecto físico.

Los jóvenes deben saber que el éxito de los cambios quirúrgicos depende de la manera como ellos los vean y cómo se valoren a sí mismos. Por eso, la adaptación psicológica tras la operación es importante.

LA OBSESIÓN POR EL PESO Y LA TALLA

Este tema no es ningún secreto para nadie. Cada día aparecen más artículos en los periódicos y revistas alertando a los padres sobre los graves problemas de salud relacionados con las bajas tallas —como la anorexia y la bulimia— que está imponiendo la moda.

La obsesión por el peso y la talla tiene mucho que ver con la imposición estética de los medios masivos, la moda y la publicidad, y el concepto de belleza vigente en las sociedades de Occidente. De unos años para acá, la delgadez extrema se puso de moda entre las mujeres. Ahora el "ideal" de talla es 8 o 6, lo que en general va en contravía de la mayoría de las mujeres latinoamericanas, caracterizadas por ser más "rellenitas", de caderas anchas y busto grande. Estos parámetros numéricos son quiméricos en sí mismos. ¿Cuántas mujeres los ostentan? Porcentualmente, son bastante menos las mujeres con estas tallas que las que tienen tallas "grandes", por lo menos en Latinoamérica. Lo más irónico es que este concepto de belleza está fundado en medidas forzadas que van en contra de la naturaleza de muchas mujeres.

No es un secreto para muchos que varias de las fotos de modelos delgadísimas que se usan en publicidad están retocadas a través de programas de diseño en el computador, de manera que algunos de los cuerpos que la publicidad vende ni siquiera existen. Por ejemplo, en Estados Unidos alguien tuvo la sensatez de determinar cuáles serían las medidas "reales" de una muñeca Barbie si esta existiera. Vaya sorpresa, las medidas que tiene la Barbie establecen un estándar irreal. Si la muñeca se proyectara al tamaño real, tendría que medir dos metros, tener un busto casi de un metro y una cintura de 30 centímetros.

Los mensajes de los medios y de la publicidad siguen bombardeando día tras día con utopías estéticas que lastimosamente han llegado a influir en muchas personas: hoy solo en Estados Unidos más del 80 % de la población muestra algún tipo de insatisfacción con su aspecto físico, tendencia que cada día sube más. Lo que la gente escucha y ve en los medios a diario es que si no es flaca, alta y bella, no es adecuada, y esto no es razonable, aceptable ni justo.

¿De dónde surge el descontento con el cuerpo?

Surge del concepto que cada persona se haga de su cuerpo. Esto es lo que se denomina *imagen corporal*, que se refiere a lo que una persona piensa, siente, percibe y cree que es su cuerpo. Este concepto está íntimamente relacionado con la apariencia física y los aspectos cercanos a esta: tamaño, peso, contextura, etc., pero también con la manera como la mente concibe ese físico: para muchas personas la imagen del cuerpo que ven en el espejo es real y concuerda con la imagen que tienen de sí mismos en su cabeza. En cambio, para otras, la imagen que el espejo refleja es diferente a la que tienen en su mente.

Cuando la imagen real del cuerpo de una persona difiere de la imagen contenida en la mente, se dice que hay una distorsión de la imagen corporal. Es diferente *insatisfacción* que *distorsión*. Hoy en día muchas personas están "insatisfechas" con su cuerpo, y un número menor presenta una "distorsión" de su cuerpo; por ejemplo, aquellas que tienen un trastorno de alimentación, como anorexia o bulimia.

¿Cómo crea una persona su concepto de imagen corporal?

La imagen corporal que cada persona tiene de sí misma se va moldeando desde la infancia. Hay básicamente dos factores que la van configurando a lo largo de la vida: la historia personal de cada individuo y las influencias en su vida cotidiana. Desde muy temprano, los niños comienzan a reconocer su imagen frente a un espejo. A partir de este momento, empiezan a ser conscientes de tener un cuerpo. Aprenden a manejarlo y a mostrarlo con base en los parámetros sociales.

En la edad preescolar, los niños ya se percatan de cómo la sociedad ve varias características físicas. La gran mayoría de los cuentos infantiles infunden patrones y estereotipos estéticos bien claros, que son internalizados por los pequeños. Por ejemplo, es muy usual encontrar en las fábulas infantiles que siempre los héroes son los príncipes, que a su vez son los hermosos y bellos. Por el contrario, los malos, por lo general, son los feos: el hada buena, la bruja mala; el hada es bella, la bruja es fea. Así, el concepto de imagen corporal se va configurando con base en todos los mensajes que los niños van recibiendo del medio que los rodea: familia, amigos, colegio y sociedad. La manera como los padres conciban su cuerpo también va a influir sobre ellos.

Desde pequeños, los papeles de género se van identificando, y la apariencia que cada uno debe asumir, también. Por eso, desde la infancia se enseña a las niñas a vestir de determinada manera y a actuar acorde a su "feminidad". Por el contrario, a los niños se les promueven los deportes rudos, el machismo, la masculinidad, etc.

A lo largo de la historia los estándares estéticos han ido variando. Civilizaciones antiguas apreciaban a las mujeres "gorditas" y con curvas porque simbolizaban la fertilidad. El arte de los siglos XV al XVIII resaltaba también los cuerpos gruesos y "llenitos". En el antiguo Oriente tener una esposa con sobrepeso solía ser un símbolo de honorabilidad. Hoy, por el contrario, prima la estética de la delgadez, que irónicamente se ha combinado con salud. Es decir, no solo se alaba un cuerpo delgado, sino también atlético, porque se cree que lo uno está íntimamente relacionado con lo otro, y no necesariamente es así.

Además de las exigencias físicas, también se imponen los requerimientos de la moda, de los que ya se ha hablado. Conjuntamente con los aspectos sociales, también influye la manera como los padres hayan tratado a sus hijos, los comentarios recibidos, las burlas, los chistes, etc. Los padres, por ejemplo, siempre están guiando a sus hijos en el arreglo de su apariencia, sugiriéndoles qué ponerse, qué no, cómo peinarse y hasta cómo caminar.

Así, la imagen corporal que cada persona tiene de sí misma es la consecuencia de la cultura y de las relaciones interpersonales que haya vivido a lo largo de su vida.

¿Cuándo puede darse una distorsión?

Cuando una persona no acepta su cuerpo o alguna parte de este, y este desprecio alcanza unas proporciones más allá de lo "normal", más allá de una mera "insatisfacción", por lo general se dice que esa persona tiene una distorsión de su imagen corporal. Hay distorsión cuando hay una disociación entre el cuerpo real y la imagen que la persona tiene de su cuerpo en la cabeza.

Algunos estudios han demostrado, por ejemplo, que un alto porcentaje de mujeres se perciben a sí mismas más gordas de lo que son y que lo que más desearían es bajar de peso, así estén en su peso indicado. Por ello, puede decirse que hay una "distorsión", porque estas mujeres se perciben mentalmente a sí mismas diferentes de como realmente son.

¿Por qué se da?

Hay varias teorías al respecto. Las que hasta el momento han alcanzado más soporte son aquellas que relacionan la distorsión con factores socioculturales. Estas afirman que la presión y las exigencias sociales influyen de manera importante no solo en la creación del concepto de imagen corporal, sino también en la alteración de esta.

A lo largo de la historia se ha visto que algunas mujeres han tenido que alterar sus cuerpos para acomodarse a los conceptos de belleza vigentes en cada sociedad, llevando en muchos casos a distorsiones corporales o enfermedades como, en el caso actual, la anorexia o la bulimia. Por ejemplo, un estudio realizado por Garner *et al.* (1980), muestra que las mujeres con profesiones donde hay una presión cultural mayor por ser delgadas, como bailarinas o modelos, tienen probabilidades más altas de desarrollar anorexia. En muchas sociedades, las mujeres atractivas son catalogadas como más femeninas.

Algunos investigadores afirman que los factores socioculturales que más influyen sobre la imagen corporal son: la estigmatización de la obesidad, darle demasiada importancia a ser atractivo y mantener un prototipo de belleza íntimamente relacionado con el papel de la mujer en la sociedad. Varias investigaciones han demostrado que el índice más alto de personas con distorsión en la imagen corporal son mujeres, como lo muestra un estudio realizado entre adolescentes, cuyos resultados muestran que tan solo el 33 % de las mujeres están satisfechas con su imagen corporal, frente al 54 % de los hombres (Sáez y Mateo, 2002). ¿Por qué ellas? La respuesta se centra en la tradición cultural, es decir, en la manera como han sido educadas para desempeñar su papel dentro de la sociedad. Esto se refiere a los patrones culturales que determinan que las mujeres deben ser escogidas por los hombres, que ellas deben ser bonitas, femeninas, delicadas, maternales, etc. Todos estos conceptos se aprenden culturalmente. A pesar de que las creencias evolucionan y de que evidentemente la mujer de hoy ha logrado entrar en diferentes ambientes y desempeñar trabajos que antes solo eran permitidos a los hombres, aún la diferencia entre los sexos es contundente.

Desde la adolescencia, son las mujeres hermosas las que tienen citas, las más populares, las que salen a divertirse con varios muchachos, las que son famosas en el colegio, las que pueden llegar a ser modelos o actrices. Las bonitas tienen más aceptación y pueden llegar a ser "más felices" que una niña "fea" o "gordita". Afortunadamente, han empezado a darse varias manifestaciones en contra de esto: ya dentro del mundo de la moda se está empezando a exigir a los diseñadores el uso de tallas reales y de modelos con un índice de masa corporal dentro de los límites normales.

Asimismo, muchas campañas de publicidad están empezando a pensar en mujeres reales.

Posibles consecuencias

Dependiendo de la intensidad de la distorsión, las consecuencias pueden variar. Por lo general son:
- Baja autoestima.
- Algunas veces se presentan alteraciones con la identidad de género, es decir, que la persona no se sienta lo suficientemente femenina o masculina.
- Ansiedad en las relaciones interpersonales.
- Pueden alterarse las relaciones sexuales.
- Depresión.
- Posiblemente es una de las causas que desencadena un trastorno de alimentación.

¿Qué hacer al respecto?

Si los padres consideran que uno de sus hijos está presentando un problema de distorsión de la imagen corporal, pueden buscar ayuda a través de una terapia psicológica o psiquiátrica. No obstante, algunos consejos pueden ayudar al adolescente a verse de manera realista. Por ello, es importante que los padres los motiven a que:
- Cuando se vean en un espejo, recuerden cuáles son las partes que más les gustan, para que no se limiten a criticar las que no les gustan.
- Si se van a poner frente al espejo para criticarse, es mejor que se alejen de allí.
- Acepten su cuerpo tal como es, y aprendan a quererlo así.
- No se comparen físicamente con otras personas.
- No critiquen la apariencia de otros.

- Aprendan a vestirse conforme a sus gustos y su contextura, no necesariamente a la moda. Hay muchas prendas que aunque estén de moda, no le quedan bien a todo el mundo.
- Cuando conozcan otras personas, no se centren solo en su apariencia, sino que tengan presentes otros aspectos que pueden ser más interesantes.
- Reflexionen acerca de cómo los medios influyen en la percepción que ellos tienen de su cuerpo y cómo esto los afecta.
- Se mantengan alejados de las cosas que afectan notoriamente su autoestima.
- Aprendan a evaluarse por otros aspectos diferentes a su apariencia física (enséñeles a tener en cuenta sus fortalezas y debilidades).
- Desarrollen actividades que no se centren solo en lo físico (muéstreles que pueden explorar otras actividades).
- Tengan presente que la apariencia externa de su cuerpo no tiene por qué determinar cómo se sienten.
- Sean realistas, y a que se pongan metas moderadas y alcanzables.
- Recuerden que las otras personas no los juzgan tan fuertemente como ellos se juzgan a sí mismos. Por lo general, son ellos quienes demandan más de sí, que lo que les exigen los demás.

Muchas posturas actuales buscan que cada persona se sienta cómoda con su cuerpo; además de los consejos sobre aceptación, lo ideal es incluir en la vida diaria un plan de alimentación saludable. Ayúdelos a lograrlo. Por ello, es bueno que los padres estén enterados de las reglas básicas de lo que es una buena nutrición.

Conceptos básicos sobre nutrición

El principio de una dieta sana es comer de todo de manera balanceada, en vez de especializarse solo en una clase de alimento. Todos los alimentos contienen un grupo específico de nutrientes que contribuyen de manera diferente, pero indispensable al buen funcionamiento del cuerpo. Cada nutriente es igualmente importante y ninguno es sustituible. Estos son: los carbohidratos, las grasas, las proteínas, las vitaminas y los minerales.

La energía que los alimentos aportan al cuerpo se mide en calorías. Prácticamente todos los alimentos aportan calorías al organismo, además de sus nutrientes específicos. Una caloría es la cantidad de energía necesaria para aumentar la temperatura de un gramo de agua en un grado centígrado. Existen unos porcentajes aproximados de los nutrientes y calorías que requiere una persona en buen estado de salud, que son recomendaciones, no exigencias, pues se establecen para una población general.

Para lograr una dieta sana, no solo hay que consumir de todos los tipos de alimentos, sino también lograr un equilibrio entre las calorías que se consumen y las que se gastan. Es decir, no hay que comer más de lo que el cuerpo utiliza.

También es cierto que comer no solo significa nutrirse. Lo ideal al establecer los hábitos de alimentación es encontrar un punto de equilibrio entre los gustos personales y las normas que rigen una buena alimentación. Puede llegar a establecerse una dieta que satisfaga sus deseos y que a la vez sea saludable. Hay que romper con el mito de que todos los alimentos ricos son malos para el organismo. Por un lado, los alimentos saludables pueden ser igualmente apetitosos si se saben preparar, y, por el otro, siguiendo unas reglas básicas de alimentación una persona puede permitirse ocasionalmente esos alimentos mal llamados "prohibidos", como un helado o un chocolate. No hay por qué dejar de lado con excesiva rigurosidad este tipo de alimentos, simplemente hay que consumirlos con moderación.

Los carbohidratos

Los carbohidratos son la fuente de energía más eficiente para el organismo. Comprenden todos los azúcares y almidones. Hay dos tipos básicos de carbohidratos: *simples* —los azúcares: glucosa y fructosa de las frutas y vegetales, lactosa de la leche y sucrosa del azúcar— y *complejos* —básicamente largas cadenas de moléculas de glucosa, consistentes en almidón, celulosa o fibra.

En los humanos la habilidad de almacenar carbohidratos es limitada. Los carbohidratos de más se acumulan en el cuerpo en forma de grasa. Los carbohidratos complejos son mejores que los simples porque los alimentos ricos en azúcar se convierten en calorías vacías, es decir, calorías que no añaden ningún valor nutricional al organismo. Los carbohidratos complejos, por el contrario, sí aportan valores nutricionales extras con ellos.

De las calorías consumidas diariamente, el 55 al 60 % deben provenir de los carbohidratos para todas las personas normales. Si se trata de un deportista, el consumo debe incrementarse entre el 60 y el 70 %. No más del 15 % del porcentaje ya citado debe provenir de carbohidratos simples o azúcares. El resto debe proceder de carbohidratos complejos.

Son alimentos ricos en carbohidratos simples los dulces, los chocolates, los helados, los caramelos y los pasteles. Los carbohidratos complejos, que son mejores, se encuentran en la pasta, los panes y las papas, entre otros alimentos.

Las grasas

Son la fuente de energía más concentrada que hay: estas suplen 9 calorías por gramo, mientras que las proteínas o carbohidratos solo proveen 4 calorías por gramo. De hecho, son el combustible primario para el cuerpo durante sesiones prolongadas de ejercicio aeróbico. Pueden ser de origen animal o vegetal. Como se digieren más lentamente que otros alimentos, impiden tener hambre por un periodo mayor. Por esta razón no deben consumirse antes de hacer ejercicio, porque toman de tres a cuatro horas para su digestión. Cuando el organismo no transforma las grasas en energía, por ejemplo porque su consumo es superior al requerido, se acumulan en el cuerpo en forma de tejido graso. Las grasas están estigmatizadas como los peores alimentos, pero no lo son. Al igual que todos los otros grupos, también son requeridas por el organismo. Lo que sucede es que hay que saber de qué tipo comerlas y en cuánta cantidad. Algunos nutricionistas recomiendan que solo el 30 % de las calorías ingeridas diariamente provengan de las grasas, mientras que otros insisten en que sea solo el 20 %. Además, es mejor que este porcentaje sea de origen vegetal o del pescado, más que de otras fuentes animales. Entre otras funciones, las grasas almacenan energía, mantienen la piel y el cabello sanos, conducen por el organismo las vitaminas solubles en grasa (A, D, E y K), suplen los ácidos grasos esenciales que el cuerpo necesita y que no puede crear por sí mismo y regulan los niveles de colesterol en la sangre.

Las grasas están divididas en *saturadas* y *no saturadas*. Las saturadas por lo general son de origen animal y se encuentran en la leche entera y sus derivados, en la grasa de las carnes y en los aceites vegetales de palma y de coco. Las no saturadas se encuentran en el pescado y en algunos vegetales; las hay *monosaturadas*, como las que se hallan en las aceitunas, el maní, las nueces y el aguacate, entre otros alimentos, y *polisaturadas*, como las que tienen el aceite de maíz y el de girasol, por ejemplo.

Las proteínas

Su función principal es construir, mantener y renovar constantemente los tejidos del cuerpo; por lo tanto, son importantes no solo durante el crecimiento, sino también a lo largo de toda la vida. Las proteínas se encuentran, principalmente, en las carnes (incluida la de pescado), los lácteos y los huevos, aunque también las hay de origen vegetal.

Los adultos requieren que el 12 % de las calorías ingeridas diariamente provengan de las proteínas. Las proteínas extras se acumulan en el cuerpo como grasa. Uno de los mitos que se ciernen en torno a las proteínas es que comerlas en abundancia estimula el crecimiento de los músculos. Esto es solo un mito. Tampoco se ha demostrado que los excesos de proteína se consuman como energía; por el contrario, si no se usan, se convierten en grasa. Así que consumir altas cantidades de proteínas tampoco es recomendable.

Las vitaminas

Las vitaminas son sustancias orgánicas que el cuerpo requiere para realizar la metabolización de los carbohidratos, las proteínas y las grasas. El organismo no puede producirlas; por lo tanto, estas deben proceder de los alimentos que se consumen. Sin embargo, solo se necesitan pequeñas cantidades de ellas para desarrollar las funciones necesarias.

También hay muchos mitos alrededor de las vitaminas. Muchas personas creen que tomar suplementos o un exceso de ellas hace crecer los músculos, incrementa los niveles de energía del cuerpo o mejora el desempeño sexual de alguien. Esto no es cierto. Por el contrario, un exceso de ellas puede resultar perjudicial para la salud. Una persona con una dieta sana y balanceada no necesita ningún tipo de suplemento vitamínico. Los suplementos, además de no lograr lo ya mencionado, tampoco alargan la vida ni hacen de una persona un mejor deportista. Solo requieren suplementos las mujeres embarazadas, algunos mayores de edad o personas con determinadas enfermedades.

Cada vitamina tiene una función específica dentro del cuerpo; sin embargo, en términos generales estas ayudan a promover la buena visión, estimular la formación normal de las células de la sangre, formar los huesos y los dientes y asegurar el funcionamiento del corazón y del sistema nervioso. El cuerpo humano requiere trece tipos de vitaminas: A, C, D, E, K y ocho pertenecientes a lo que se conoce como complejo B. En términos generales, las vitaminas se encuentran en frutas y vegetales.

Los minerales

Los minerales cumplen funciones vitales en la formación de los huesos, la síntesis de las enzimas, la regulación de los músculos del corazón y el normal funcionamiento de la digestión, entre otras. La deficiencia de minerales puede causar problemas cardiovasculares, diabetes y presión alta. Aunque se han identificado más de 60 tipos de minerales en el organismo, más o menos se ha estipulado que 22 son los esenciales. El calcio y el fósforo son los que más se requieren, ya que son componentes importantes del tejido óseo del cuerpo. Otros minerales imprescindibles son el hierro (presente en alimentos como hígado y huevos), el magnesio (en cereales, legumbres, pescado, verduras y papas), el sodio (en la sal común), el cloro (en la sal común), el potasio (en carne de res, pescado, aves, huevos, coliflor, brócoli) y el azufre.

La fibra

La fibra no es un grupo alimenticio. Los alimentos difieren en el tipo y la cantidad de fibra que contienen. Las fibras están divididas en dos grupos: las solubles y las insolubles. Cualquiera que sea el tipo, tienen dos cosas en común: solo se encuentran en alimentos de origen vegetal y son resistentes a las enzimas digestivas humanas, esto quiere decir que pasan por el tracto digestivo sin haber sido completamente descompuestas. A pesar de que la fibra no se digiere y no aporta nutrientes al organismo, sí cumple un papel trascendente en el sistema digestivo porque ayuda a que la eliminación sea más fácil. Las fibras se encuentra en los granos completos y en las cáscaras de muchas frutas, verduras y leguminosas.

Consejos para llevar una dieta sana

Ayude a que sus hijos lleven una dieta sana y a que adquieran unos buenos hábitos de alimentación, esto va a repercutir directamente en su apariencia física y, por ende, en su autoestima y autoconcepto. Para lograrlo procure que los adolescentes:

- Incluyan alimentos de todos los grupos en sus comidas diarias.
- Prefieran los alimentos naturales.
- Disminuyan el consumo de grasas.
- Coman alimentos variados (diversifique la dieta en casa).
- Disminuyan el consumo de azúcar.
- Limiten el consumo de sal.
- En la medida en que sea posible, cocinen con alimentos naturales.
- Ingieran el nivel de calcio recomendado para su edad y su sexo.
- Mantengan su peso promedio (para conocerlo, consulte un nutricionista; no se guíen por los dictámenes de la moda).
- Compren alimentos sanos.
- Varíen los alimentos con fibra y repártanlos en todas sus comidas.
- Coman más frutas y verduras, ojalá sin pelar.
- Tomen muchos líquidos.

EJERCICIO FÍSICO: ¿UNA OPCIÓN SALUDABLE O UNA OBSESIÓN?

Cada día más gente toma conciencia de su salud física y mental, buscando una mejor calidad de vida. La agitación de la vida moderna y el aumento de enfermedades derivadas de problemas cardiacos, de estrés o de sobrepeso es notorio en varias sociedades, de ahí que haya surgido desde hace varias décadas una ola de métodos —dietas, gimnasios, yoga, pilates, etc.— para acceder a una vida sana. Por supuesto, cuidarse física y psicológicamente es importante para llevar una buena vida. Cualquier método al que las personas accedan buscando un mejor índice de vida es bienvenido, en la medida en que sea un medio, más no el fin. Cuando las dietas o el ejercicio se vuelven una obsesión, algo está fallando y debe revisarse.

¿Qué es lo que las personas buscan al hacer ejercicio? Mejorar su salud, mantener el peso, disminuir el estrés, fortalecer el organismo, divertirse, entre otros aspectos, lo cual es completamente válido. Mas no lo es cuando la práctica obsesiva va en detrimento del propio organismo, poniendo en riesgo la salud.

Sin duda, el ejercicio físico es altamente recomendado por los especialistas. Es ideal como complemento de una buena dieta, como refuerzo a un buen desarrollo y es un gran apoyo en la adolescencia porque ayuda a liberar estrés, fortalece la autoestima y entretiene. Sin embargo, el ejercicio debe disfrutarse, no debe ser una obligación y no debe implicar un gran esfuerzo o un sufrimiento.

La presión de los medios por ser bello "para alcanzar el éxito y la aceptación de otros" ha desvirtuado este ideal de "vida sana", que puede derivar en prácticas nocivas para la salud. Mantenerse en forma se vuelve entonces no un deseo, sino un requisito social.

Dada la importancia que adquiere el físico durante la adolescencia, es muy fácil que muchos jóvenes caigan en la adicción al ejercicio y a otras prácticas complementarias, como el consumo de esteroides o de medicamentos "reductores de grasa", en busca de una "buena figura". El afán de los adolescentes por ser admirados y aceptados por otros puede llevarlos a abusar de estos medicamentos, que hoy los ofrecen de manera ilegal muchos entrenadores físicos en varios gimnasios. Los padres deben estar atentos.

¿Qué son los esteroides anabólicos?

Los esteroides son sustancias químicas sintéticas relacionadas con las hormonas sexuales masculinas, que promueven el crecimiento muscular y el aumento de las características sexuales masculinas. Este tipo de drogas solo se pueden obtener legalmente mediante prescripción médica, ya que sirven para tratar afecciones que se presentan cuando el cuerpo produce una cantidad muy baja de testosterona, como el retraso de la pubertad y algunas clases de impotencia. Los esteroides también se recetan a algunos pacientes con sida y para contrarrestar otras enfermedades que resultan de la pérdida de masa muscular. Los esteroides anabólicos se consumen por vía oral o se inyectan.

¿Qué pueden ocasionar los esteroides al organismo?

El abuso de los esteroides puede causar problemas graves en la salud, muchos de ellos irreversibles. Los principales son:
- Tumores hepáticos
- Cáncer
- Ictericia
- Retención de líquidos
- Hipertensión arterial
- Aumento del LDL (colesterol malo)
- Disminución del HDL (colesterol bueno)

Algunos efectos colaterales pueden ser:
- Tumores renales
- Casos graves de acné y de temblor.
- En los hombres pueden encogerse los testículos, darse una reducción en el número de espermatozoides, infertilidad, calvicie y desarrollo de las mamas. Asimismo, hay mayor riesgo de cáncer de la próstata.
- En las mujeres puede presentarse crecimiento del vello facial, calvicie de patrón masculino, disminución en el tamaño de los senos, cambios o cese del ciclo menstrual, aumento en el tamaño del clítoris y engrosamiento de la voz.

- En los adolescentes puede darse un cese precoz del crecimiento por madurez esquelética prematura (lo que redunda en baja estatura) y cambios acelerados en la pubertad.

¿Qué hace que un adolescente recurra a los esteroides?

El deseo obsesivo de tener un cuerpo delgado y bello en las mujeres o musculoso y grande en los hombres, muchas veces según esquemas publicitarios, sumado a una baja autoestima y a muy poca confianza en sí mismos, puede motivar a los adolescentes a usar este tipo de drogas.

Otra razón es que algunos deportes tienen exigencias muy altas sobre el rendimiento de los deportistas. En estos casos, los jóvenes acuden a estas sustancias para alcanzar los niveles requeridos por los entrenadores, en su afán por ser los mejores. Recuerde que esta es una etapa caracterizada por un enorme deseo de ser aceptado y admirado.

¿Qué pueden hacer los padres?

- Los padres deben estar al tanto de los hábitos de alimentación y de ejercicio que están siguiendo los hijos.
- Averigüe qué concepto tiene su hijo del ejercicio, por qué y para qué lo practica.
- Infórmese e informe a sus hijos sobre lo que son los esteroides y el peligro que conlleva usarlos.
- Indague dónde consigue su hijo este tipo de sustancias, si las está consumiendo, y si es posible denuncie ante las autoridades a la persona que las vende.
- Si su hijo pertenece a algún equipo deportivo, esté al tanto de las exigencias que el entrenador y el grupo demandan.
- No deseche la posibilidad de que haya presión de grupo de compañeros u otros deportistas.

- Si su hijo es deportista, facilítele la ida a un especialista en ejercicio y nutrición que le diseñe una rutina adecuada para su edad.
- Esté al tanto del tipo de gimnasio al que asiste su hijo, qué gente va y quiénes lo entrenan o asisten.

LOS EFECTOS DE LA MODA

"Lo que está de moda no incomoda" reza un proverbio popular, y quizás tenga razón. Uno de los grandes motivos de peleas entre padres e hijos es este: la moda. El pelo largo, las melenas *rastas* o pintadas de colores, los cortes de pelo estrambóticos, los peinados exagerados, los tatuajes y los *pearcings*, los pantalones anchos caídos bajo las caderas, el uso de esmaltes de colores, los jóvenes varones que usan delineador de ojos y ese constante desarreglo aparente pueden lograr descomponer completamente a los padres. Es increíble lo que una cabellera roja puede llegar a suscitar en una familia.

¿Qué es la moda?

La moda no solo hace referencia a la ropa, incluye también gestos, jergas, maneras de comportarse, costumbres, modos de relacionarse con otros y actividades. Moda es, entonces, lo actual y vigente en una sociedad en un momento determinado y que es seguido por un grupo específico. Muchas veces la moda está sustentada en ideologías políticas, como los grupos neonazis o los grupos *punk*, o artísticas, como los góticos. En general siempre está condicionada por factores económicos, históricos y sociales. Casi todas las tendencias suelen tener un carácter temporal y pasajero; no obstante, algunas perduran por largos periodos.

¿Qué sentido tiene la moda en la adolescencia?

Comunica. A través de las diversas formas y maneras de expresión, la moda articula ideologías y posturas. Por eso es tan importante para los jóvenes durante la adolescencia. Por medio de la moda ellos reflejan su pertenencia a algo: a un grupo, a un estilo, etc., e indican los prototipos que están siguiendo. Si alguien está en la búsqueda de parámetros, qué mejor que seguir los que el colectivo juvenil dicta. Asumir esas "doctrinas" estéticas de forma de vestir, manera de llevar el pelo, de incorporar accesorios, de hablar, etc., es una manera de ubicarse en algún lugar del ámbito social, de encontrar un nicho que lo acoja.

Para un joven, la moda es una herramienta que le permite ensayar diversos papeles en su búsqueda de identidad. Desde esta perspectiva es entonces completamente normal en esta etapa de la vida. Pero ¿por qué tan radical a veces?, se preguntarán muchos padres. Porque hay que recordar que los jóvenes, además de estar buscando una identidad, también están rompiendo esquemas y probando los límites establecidos por los padres. Así como se ven adolescentes que se limitan a usar la ropa de vestir de las últimas colecciones, hay otros que, como decía un padre, "duran horas arreglándose para verse completamente desarreglados". No será raro entonces encontrarse con muchos que visten de manera "alternativa" con visos de la época *hippie*, como *punks* o como góticos. Otros, por su parte, tratarán de copiar a sus ídolos y estrellas. No olvide que es la época de las idealizaciones.

¿Por qué surge la pelea con los padres?

* Los padres no toleran el "desarreglo", les parece que sus hijos se ven "sucios" y completamente "dejados", cuando ellos nunca les enseñaron eso. El motivo entonces no es la apariencia del joven, sino el principio de la buena apariencia transformado.

- Otro motivo que genera peleas es el dinero para adquirir los accesorios de moda. Por lo general, el costo no corre por cuenta de los jóvenes, sino de los padres, y nada sorprende más a un padre que tener que pagar miles por un "*jean* roto y desteñido".
- Muchos padres de jovencitas, sobre todo, empiezan a juzgar muy atrevida la ropa que estas usan. A veces la situación puede ser real, pero muchas veces la sorpresa de ver a su "hijita" ya convertida en una "mujercita" los desequilibra.
- Otro motivo de pelea es el gusto. Los padres siguen sus tendencias y no conciben que haya unas diferentes a las que ellos tienen en la cabeza para sus hijos. Por eso abundan comentarios de carácter netamente subjetivo.

¿Qué pueden hacer los padres?

- No darle a la apariencia mayor importancia de la que le corresponde. Las modas son pasajeras, en su mayoría. Casi todos los jóvenes terminan dejándolas de lado por sí solos. De manera que si algo tan efímero como un pantalón roto o un corte de pelo estrambótico no es trascendental, no le dé ese estatus.
- No se desgaste en este tipo de peleas. Lo más seguro es que los jóvenes se empeñen en verse aún peor de lo que se ven, solo por llevarles más la contraria a los padres. Si usted le da a esto una importancia extrema, ellos lo harán aún más. Recuerde que para un adolescente no hay nada más tentador que la prohibición.
- No lo vea como un problema, sino como una tendencia pasajera.
- Sea respetuoso y tolerante; que a usted no le guste un aspecto de la moda no es razón para que otros lo tengan que dejar de usar.
- No costee todos los gustos de sus hijos. Limítese a lo que consideran necesario. La satisfacción de todos los deseos puede

desencadenar muchos problemas, entre ellos un muy bajo nivel de resistencia ante la frustración. Enséñeles el valor de las cosas. Una buena táctica es permitirles "trabajar" en cosas que puedan y que no se crucen con los horarios escolares, para que puedan adquirir ellos mismos sus cosas.

- Hay modas —como los tatuajes o los *pearcings*— que no van a poder ser removidas tan fácilmente cuando ya no las deseen. Hágales caer en la cuenta de que eso va a suceder eventualmente. Muchas veces el impulso y la presión de los amigos no les permite pensar en las consecuencias.

- Es importante que les aclare que nadie es por lo que tiene. Es importante reforzar cuáles son los valores que determinan una identidad. La ropa definitivamente no lo es.

- Es preferible dar cumplidos y no criticar: "Esa blusa te hace ver muy delgada", y no "¡Te ves gordísima con ese saco!".

III. Adolescentes y sexualidad

El inicio de la actividad sexual

Los cambios físicos que se producen en la adolescencia afectan el comportamiento y los intereses de los jóvenes. A raíz de la pubertad, los adolescentes comienzan a sentir curiosidad por la transformación que vive su cuerpo y la del sexo opuesto. Respuestas sexuales de su organismo, como las eyaculaciones nocturnas, no necesariamente relacionadas con el deseo, les empiezan a generar inquietud sobre cómo serán las relaciones sexuales. Con estos cambios nace también el deseo y la curiosidad sexual. Según algunos autores, las relaciones sentimentales en la adolescencia buscan satisfacer la necesidad de compañía, afectividad y dar y recibir apoyo, en primera instancia; y a medida que los jóvenes van creciendo, incorporar a través de ellas las necesidades de carácter sexual.

El inicio de la actividad sexual es uno de los temas que causan mayor preocupación a los padres de los adolescentes. Las estadísticas muestran que la edad promedio de inicio de las relaciones sexuales (15 o 16 años) ha disminuido notablemente en los últimos años, así como ha aumentado el índice de embarazos no deseados en adolescentes; lo que demuestra que ha aumentado la permisividad, mas no la responsabilidad.

Hoy el significado de pareja y de relaciones ha cambiado completamente de padres a hijos. Sexo y amor fueron desligados desde la década de 1960 con la revolución sexual, y a partir de entonces los medios masivos y la publicidad han contribuido a generar un concepto de sexo y de amor diferentes. Por ello, las parejas actuales no siguen la misma dinámica que la de generaciones anteriores. Hoy los jóvenes comienzan sus relaciones mucho antes de lo que sus padres lo hicieron y por motivos diferentes, lo que genera en sí una gran brecha entre ambos. Sin embargo, las encuestas muestran, curiosamente, que aunque los adolescentes inician las relaciones sin tener muy claro por qué y para qué, y más por sexo que por amor, sí desean llegar a establecer una relación seria y duradera. Esto significa que los parámetros familiares sí hacen mella en ellos.

A la realidad de los medios se suma la presión social que ejercen sobre los adolescentes sus amigos. Muchas veces un joven que no ha tenido relaciones es víctima de las burlas de los otros y del rechazo. En otras ocasiones, es la misma pareja la que muchas veces exige las relaciones sexuales como una expresión de amor, situación que pone en aprietos a varios jóvenes que todavía no están en capacidad de reflexionar si están listos o no para iniciar la vida sexual, lo que se traduce en una incapacidad para decir "no".

Existen también muchos padres, educados en modelos basados en el machismo, que tienen la convicción de que los varones deben tener experiencias sexuales en la adolescencia para afianzar su masculinidad. De ahí que aún hoy en día muchos padres promuevan que sus hijos varones tengan relaciones sexuales.

Por otro lado, en muchas relaciones la base principal se desplazó del amor al placer. Los valores y principios que consideran el amor como un aspecto importante en la pareja han ido desvirtuándose por la diversión y el placer como un vínculo único, excluyendo con frecuencia el compromiso con el otro. Muchos jóvenes comienzan a tener relaciones sexuales solo por placer.

En una fiesta puede ser usual que se pase de tragos o de drogas al sexo, como un componente más de la diversión. El sexo asumido como juego no suele implicar responsabilidad y, lastimosamente, tampoco precauciones. De ahí las enfermedades venéreas, el embarazo temprano y el abuso sexual, tres factores que los jóvenes pocas veces tienen en cuenta, así como sus implicaciones psicológicas y sociales.

Como ya se mencionó, el concepto de relación de pareja que tienen los adolescentes no necesariamente equivale al de los padres. Hoy algunos jóvenes consideran el matrimonio un evento lejano y distante de su presente. Primero está la realización profesional y personal, antes que formar una familia. Por ello, las relaciones que se construyen son más de carácter temporal. Las estadísticas muestran que la edad promedio para casarse ha aumentado notablemente en los últimos años, en ambos sexos, así como el número de individuos que no se casan. Los jóvenes prefieren no preocuparse con relaciones serias para mantener un cierto grado de libertad y poder de decisión, que les permite tener sexo sin tantas restricciones. Las uniones libres o permanecer soltero han cobrado gran vigencia y aceptación social.

Es importante de nuevo hacer énfasis en que a pesar de todo el mecanismo mediático que envuelve a los jóvenes, el modelo de pareja que los padres proyectan sí es tenido en cuenta por ellos para construir su ideal de relación. Evidentemente va a ser ajustado a su época, pero imitan las bases de los padres. Los adolescentes se valen de las experiencias de sus padres y de las dinámicas que ellos siguen para afrontar las relaciones interpersonales y las situaciones que estas les demanden. En esta medida, los jóvenes sí siguen, con más frecuencia de la que se cree, las pautas que los padres les han inculcado para entrar en una relación afectiva con otra persona. Por ello, los padres deben ser conscientes del modelo de pareja que proyectan a los hijos y de los parámetros que establecen para la construcción de esta.

Una manera de fomentar más ese seguimiento de los patrones familiares es a través de la comunicación. Para los padres es muy difícil ver crecer a los hijos y mucho más asumir que están teniendo relaciones sexuales. El tema del sexo, así los medios lo manejen abiertamente, sigue siendo un tabú en el ámbito familiar. Muy a pesar de que ya corre el siglo XXI, el número de padres que hablan abiertamente con sus hijos de sexo es muy reducido. Casi todos asumen que la cátedra de sexualidad del colegio se encarga de ello. No obstante, los padres son los únicos que pueden transmitir a sus hijos lo que es importante a la hora de entablar una relación, el concepto de pareja en el que creen, el papel que desempeña el sexo en esta y sus principios, valores y creencias respecto a las relaciones sexuales. Además, la valoración moral de qué está bien o mal depende exclusivamente de cada familia, según sus principios, valores y creencias religiosas. ¿Quién entonces si no los padres podrán transmitir este conocimiento?

Por lo general, los jóvenes no dimensionan las verdaderas implicaciones sentimentales y emocionales del sexo y tampoco tienen la capacidad de tener criterios maduros y razonables para decidir por sí mismos y de manera responsable si tienen relaciones sexuales o no. En muchos casos los jóvenes deciden tenerlas como resultado del deseo de "probar", por la presión de otros adolescentes o la falta de comprensión de lo que es el amor, el sexo y el sexo con amor. Esto hace aún más urgente mantener un canal abierto de comunicación constante con los hijos.

Otra falla que ostentan muchos padres, aparte de la incomunicación, es la jerarquía de preocupaciones que establecen sobre las posibles consecuencias de que sus hijos entablen relaciones sexuales. Curiosamente, a los padres lo que más preocupa sobre las relaciones es un embarazo no deseado que estropee la realización personal y profesional de su hijo, así como su reputación, sobre todo si se trata de mujeres. Lastimosamente, adquirir sida u otras enfermedades de transmisión sexual y las posibles consecuencias emocionales y psicológicas que implica para un joven tener relaciones sexuales no están en los primeros lugares en la lista de temores de los padres.

Como se ve, el inicio de las relaciones sexuales está muy relacionado con la influencia de los medios de comunicación, la publicidad, la presión de los amigos y los nuevos parámetros sociales que rigen una pareja y que determinan una relación. No obstante, se reconoce que los padres sí cumplen un papel importante en la decisión que tomen los hijos respecto a esto y que su papel como educadores sigue vigente a pesar de los cambios que trae una nueva época.

Para tener en cuenta:

- El cuerpo del adolescente está cambiando, por eso pueden volverse más tímidos o recatados para mostrarse desnudos. Esta demanda de intimidad debe respetarse.
- Conductas como vestirse o hablar de una manera provocadora no indican necesariamente que los jóvenes tengan una vida sexual activa.
- Los adolescentes expresan sus inquietudes sexuales no solo a través de las palabras. Estar atentos a la manera como actúan o se relacionan con otros es una manera de conocerlos.
- Los jóvenes pueden cambiar sus conductas. Un adolescente con tendencia a establecer muchos contactos sexuales o, por el contrario, aquel que no admite ninguna expresión de la sexualidad puede establecer una sexualidad más sana con ayuda y orientación.
- En esta etapa los contactos físicos con los padres pueden generar sentimientos confusos en los adolescentes, que no les resultan fáciles de manejar; por ejemplo, bañarse juntos.

LA EDUCACIÓN SEXUAL

Nunca antes hablar de educación sexual había estado tan vigente. Basta con ver las estadísticas sobre embarazos en adolescentes, propagación del sida y delitos relacionados con abuso sexual, para saber que esta temática va mucho más allá de una asignatura escolar.

Como muchos creen, la educación no debe limitarse o equipararse a la información sobre los cambios físicos que se dan en el adolescente y a los métodos anticonceptivos que existen. La educación sexual debe comenzar desde el nacimiento porque todas las personas son sexuadas desde que nacen. Desde que los niños son pequeños, los padres deben enseñar una actitud sana, responsable y respetuosa frente al cuerpo y la desnudez. Asimismo, deben compaginar los valores y principios reinantes en el hogar al uso y manejo de la sexualidad, entendida en su máxima expresión, que no se limita al sexo. La sexualidad bien entendida y asumida deja de lado tabúes y prejuicios, así como actitudes extremas, como el abuso del cuerpo a través del sexo indiscriminado o el maltrato sexual hacia otros.

El diálogo sobre sexualidad debe iniciarse con los hijos desde los primeros años, aunque nunca es tarde para empezar. El sentido y las actitudes que los padres asuman como educadores son definitivos e influyen significativamente en los comportamientos sexuales actuales y posteriores de sus hijos.

Aunque un adolescente aparente saberlo todo, la mayoría de las veces tiene más dudas de las que los padres se imaginan: todos están ávidos de información, de respuestas y de explicaciones. Por ello es importante responder a sus preguntas de manera veraz y honesta. Facilíteles buena información al respecto, por medio de libros, revistas y folletos con contenidos responsables y confiables. Hable con ellos tan pronto comiencen sus salidas con jóvenes del sexo opuesto. Permítales hacer sus preguntas con confianza. Si considera que no puede hablar con su hijo, esas preguntas pueden ser resueltas y explicadas por un experto en salud o un tercero, como un tío o un profesor.

Cómo dar información a los hijos

- Haciendo énfasis en el afecto, las emociones y las actitudes, no solo en el desarrollo físico.
- Proporcionando información de acuerdo con la edad y la personalidad del joven.
- Haciendo énfasis en valores como el respeto y la tolerancia.
- Hablando de manera concreta y abierta.
- No dando cátedra sobre lo que es malo o bueno exclusivamente desde un punto de vista moral.
- Mostrando los límites de los métodos de planificación familiar.
- Orientando sobre los riesgos de una vida sexual activa, los cuales no solo son embarazos o enfermedades de transmisión sexual, sino también las consecuencias emocionales, como no sentirse querido o valorado, y en otros casos, la adicción al sexo.

ENFERMEDADES DE TRANSMISIÓN SEXUAL

Las enfermedades de transmisión sexual (ETS) son enfermedades infecciosas que se propagan por el contacto directo con otra persona que esté contagiada. Hasta el momento se han detectado más de 50 tipos de ETS y aunque algunas tienen cura y pueden ser tratadas, otras no la tienen y pueden ocasionar la muerte. Algunas presentan síntomas que las hacen manifiestas a quien las padece, lo que lo obliga a buscar ayuda. Otras, por su parte, pueden pasar inadvertidas y quien las tiene ser completamente inconsciente de ello. Esto conlleva peligro, porque quien no sabe que tiene una ETS puede seguir contagiándola a otros.

Las ETS deben ser detectadas y tratadas lo antes posible, ya que pueden afectar el funcionamiento de los órganos sexuales, causar infertilidad o llevar a la muerte. Contrario a lo que muchas personas creen, el contagio de ETS no se da solo durante la actividad sexual. La bacteria o el virus pueden entrar al organismo no solo por medio de los fluidos corporales genitales, sino también a través de una cortada o por el contacto con otro fluido corporal en una zona de la piel abierta. Esto depende del virus o de la bacteria y de los síntomas que presente la enfermedad. Como muchas de las ETS no presentan síntomas, los especialistas recomiendan tomar siempre medidas de protección básicas para evitar el contagio y la propagación.

Entre las actitudes que implican riesgo están el iniciar la actividad sexual a temprana edad porque la desinformación propia de muchos adolescentes aumenta las posibilidades de contagiarse; el tener relaciones sexuales con varias parejas, ya que las posibilidades de contagio aumentan; y el no estar protegido en el momento de las relaciones.

Las visitas regulares al médico son una manera de prevenir el contagio y el desarrollo de las ETS. Son muchos los adolescentes que inician su vida sexual sin una visita previa a un médico. Las consultas al médico permiten conocer si la persona tiene o no la enfermedad y aplicar el tratamiento adecuado para su control.

Algunas de las ETS son:
- Las que producen úlceras o llagas, como la sífilis, el chancro, el herpes genital y el granuloma inguinal. Todas presentan heridas abiertas que facilitan la transmisión del sida.
- Las que producen secreciones o pus, como la gonorrea, la clamidia, las tricomonas y los hongos.
- Verrugas genitales, sarna y piojos, que producen escozor en la piel.
- Sida.
- Hepatitis B.

Si se detecta cualquiera de estas enfermedades, se recomienda abstinencia sexual hasta tanto pase la etapa contagiosa. Aunque se reciba un tratamiento adecuado, es fundamental aclarar que este no "inmuniza" al joven contra estas y otras ETS. En cada nueva relación hay que tomar medidas preventivas.

¿Por qué surge el conflicto con los padres?

- Con frecuencia los adolescentes minimizan los riesgos de las ETS o asumen que tienen la información completa sobre estas.
- Los padres desconocen las características médicas de las ETS.
- Los jóvenes muchas veces tienen información fraccionada sobre los riesgos reales y consecuencias sobre la salud y se resisten a confrontarlas con sus padres.

Pautas de manejo

- Comprender la importancia de dar información veraz y responsable a los adolescentes sobre las ETS, su sintomatología, los medios de contagio y los tratamientos que deben usarse para su cura, si la tiene. Esto es de gran ayuda a la hora de tomar decisiones sobre si los jóvenes deciden iniciar o no su actividad sexual. Además, si deciden iniciarla, ya saben a qué se enfrentan, qué riesgos corren y cómo deben afrontarlos.
- No alarmar o exagerar la información sobre las ETS; esto quita credibilidad.
- Mostrar las implicaciones de no atender a tiempo los síntomas y de realizar completamente los tratamientos.
- Facilitar la consulta profesional con un médico, acompañar al joven si él lo pide o respetar que él desee ir solo o en compañía de alguien de su confianza.
- Si el adolescente presenta un diagnóstico positivo, mantener la confidencialidad. No tomar represalias o hacer constantes referencias al hecho, enjuiciando la conducta del joven
- Darle soporte y apoyo para superar los efectos físicos y psicológicos del contagio de una ETS.

Cómo prevenir

- Tener información sobre las ETS, factores de riesgo, mecanismos de prevención, síntomas y tratamientos para actuar responsablemente y a tiempo.
- Conocer al compañero sexual y evaluar los factores de riesgo. Esto debe ser hablado francamente en pareja.
- El sexo casual o con varias personas aumenta la exposición a factores de riesgo.
- Consultar al médico y realizarse pruebas.
- Examinar los cambios en los órganos genitales. Cualquier cambio debe ser tratado por un especialista.
- Exigir el uso de jeringas y agujas nuevas para cualquier tratamiento.
- Mantener una adecuada higiene corporal, especialmente en los genitales.

MÉTODOS ANTICONCEPTIVOS

Los métodos anticonceptivos son los que permiten a la pareja tener relaciones sexuales controlando la concepción de los hijos. Algunos de ellos, como el condón, también sirven de barrera para evitar el contagio de ETS.

Muchos padres temen informar a sus hijos sobre los anticonceptivos existentes porque lo consideran una manera de alentarlos a tener relaciones sexuales. Independientemente de la postura de los padres, lo más común es que los jóvenes comiencen las relaciones sexuales sin el consentimiento de los padres y sin que estos lo sepan. Ante esta perspectiva, es preferible que sepan cómo cuidarse de los riesgos de salud que pueden enfrentar. Los adolescentes reciben mucha información de diversos medios y de sus amigos, y también están en capacidad de buscarla. Dadas estas posibilidades, los padres no son los incitadores de la actividad sexual de los hijos, son los primeros responsables de proveerles las herramientas para que ellos tomen sus decisiones de manera sensata.

Ignorar las circunstancias actuales respecto al sexo no es una manera de evitar que los jóvenes comiencen su vida sexual. Por el contrario, el silencio de muchos padres es responsable también del aumento acelerado de embarazos no deseados en jovencitas, entre otras circunstancias. Más allá de cualquier tabú, es deber de los padres informar a sus hijos y darles las herramientas que ellos requieren para enfrentarse al medio que los rodea. Censurarles esta información equivale a dejarlos a la deriva en un mar de riesgos.

La información sobre los anticonceptivos no solo debe resaltar la importancia de evitar un posible embarazo temprano y no deseado, sino que además debe ser contundente respecto a los riesgos de contraer ETS.

Algunos métodos de anticoncepción

- Anticonceptivos orales combinados (AOC): son pastillas que contienen estrógeno y progestina. Estas píldoras se toman diariamente. Su objetivo es suprimir la ovulación, espesar el moco cervical para impedir la penetración de los espermatozoides, cambiar el endometrio para hacer la implantación menos probable y reducir el transporte de espermatozoides al tracto genital superior.
- Anticonceptivos inyectables combinados (AIC): son inyecciones de estrógeno y progestina que se administran una vez al mes. Cumplen el mismo objetivo que los anticonceptivos orales combinados.
- Condón masculino: son recubrimientos delgados de látex o vinilo que se colocan sobre el pene erecto. Pueden usarse con espermicida para ofrecer mayor protección. Los condones

impiden que los espermatozoides tengan acceso al aparato reproductor femenino e impiden el contagio del sida y de las otras ETS. Además, tienen un precio muy económico.

- Condón femenino: están hechos de poliuretano con aros del mismo material en extremos opuestos. Estos se introducen en la vagina antes de la relación sexual. Al igual que los condones masculinos, impiden que los espermatozoides lleguen al aparato reproductor femenino e impiden el contagio de sida y de las otras ETS.

- Diafragma: es una copa de látex en forma de domo que se introduce en la vagina antes de la relación y cubre el cuello uterino. Impide que los espermatozoides lleguen al útero y a las trompas de Falopio. Se usa con cremas espermicidas. Puede volverse a usar.

- Dispositivo intrauterino (DIU): es un dispositivo flexible en forma de T que se inserta en el útero. Los DIU pueden ser inertes o liberadores de cobre o de progestina. Los liberadores de cobre interfieren con la habilidad de los espermatozoides para pasar por la cavidad uterina y obstruyen el proceso reproductivo antes de que los óvulos lleguen a la cavidad uterina. Los liberadores de progestina también espesan el moco cervical y cambian el revestimiento endometrial.

- Píldora del día siguiente: debe tomarse dentro de las 72 horas posteriores a la relación. Hay países donde es ilegal su uso.

- Espermicidas: son productos químicos que causan la ruptura de las membranas de los espermatozoides, lo cual disminuye su movilidad, así como su capacidad de fecundar el óvulo. Están disponibles en aerosoles, cremas, tabletas vaginales o supositorios.

¿"Encontró" unos anticonceptivos?

Uno de los momentos más críticos para muchos padres es cuando encuentran anticonceptivos entre las cosas de sus hijos, porque para varios es "señal" de que sus "pequeños" están teniendo relaciones sexuales. ¿Qué hacer?

- Tenga calma, no diga nada hasta que esté más tranquilo y pueda ver con claridad qué decisión tomar.
- Si usted encontró los preservativos esculcando entre las cosas de su hijo, reconózcalo y ofrezca disculpas por registrar sus pertenencias; después sí dialogue. Es decir, una cosa es que su hijo haya comenzado su vida sexual y otra que usted esté violando su intimidad y privacidad al esculcar sus cosas.
- No grite ni arme una pelea descomunal. Esta reacción seguramente no va a cambiar el comportamiento sexual del joven.
- Permítale hablar sin interrumpirlo y sin hacer juicios ni reproches.
- Dialogue. De manera respetuosa y con afecto, trate de llegar a acuerdos sobre lo que usted como padre cree.
- No vuelva sobre el tema de manera permanente con amenazas y advertencias, ni relacione este suceso con otros que haga su hijo.
- Si decide no hablar sobre el asunto, esté seguro entonces de poder olvidarlo. De lo contrario, en algún momento saldrá, muy posiblemente como una recriminación.

HABLANDO DE SEXUALIDAD

Poder dialogar sobre sexualidad con los hijos es más importante de lo que los padres se imaginan. Como ya se ha dicho, varias encuestas han mostrado que aún hoy los padres no hablan de sexo con sus hijos porque les da vergüenza, asumen que ellos ya saben todo o que la cátedra de sexualidad del colegio responde a sus inquietudes. Se ha demostrado que los jóvenes prefieren recibir la información de sus padres (Hacker, *et al.*, 2000), pero que muchos no la solicitan por temor a ser juzgados o puestos en una situación incómoda.

Los adultos se quejan de la sociedad vigente, de la cantidad de parejas separadas o divorciadas, de la desvirtualización del matrimonio, de la crisis de la familia, etc., y exigen determinados comportamientos a los hijos; sin embargo, no transmiten a sus hijos la información ni las herramientas pertinentes para entablar una relación de pareja sobre valores y principios sólidos. Varios padres creen que su responsabilidad se limita a comprar los anticonceptivos a sus hijos para que ellos se "cuiden" en sus relaciones o a dejar que las tengan en casa. Con esta concepción de responsabilidad no se puede esperar mucho más de las nuevas generaciones. Es indispensable hablar con los hijos sobre lo que es una relación y lo que implica tener relaciones sexuales, sobre las consecuencias psicológicas y sentimentales que esto trae, las responsabilidades que implica, la trascendencia que sí puede tener una pareja, entre otros temas.

Aspectos que deben conversarse con los hijos sobre la vida sexual

- No siempre la primera relación sexual es positiva. Depende de muchos factores, como el temor, las circunstancias en que se da o el conocer o no a la otra persona, por ejemplo. No obstante, esto no significa que así vaya a ser su sexualidad.
- La mayoría de las personas se ponen nerviosas en la primera experiencia sexual y pueden sentir temor a:
  - No hacerlo bien.
  - Estar faltando a los principios dados en la familia.
  - No satisfacer a la otra persona.
  - Si va a resultar como otros se lo han contado o como lo han visto en televisión o cine.
  - Si serán agradables para la pareja.
  - Cuáles serán los riesgos.
  - La reacción futura de su pareja.

- Acercarse sexualmente es un proceso que se da con mayor satisfacción cuando se conoce a la otra persona, se comparten intereses y cosas en común.
- La sexualidad se aprende en la medida en que la pareja comparte, dialoga y explora nuevas formas de sentir placer. Es un proceso que toma tiempo.
- Las relaciones sexuales mezcladas con alcohol o drogas tienen implicaciones físicas y emocionales que pueden afectar la vida de la pareja. La sexualidad tiene múltiples dimensiones sanas que proporcionan disfrute.

¿Por qué surge el conflicto con los padres?

- Los jóvenes asumen que tienen toda la información sobre los diferentes métodos de planificación, pero en sus acciones los padres confirman que no la tienen de manera correcta o completa.
- La negativa a usar de manera responsable los diferentes métodos.
- Los padres no saben cómo dar a los hijos los métodos. Si comprar los preservativos en el supermercado, dar una partida extra para que los jóvenes los adquieran o dejar que sean ellos los responsables de conseguirlos sin que los padres tengan que enterarse.
- Algunos adolescentes delegan a sus padres toda la responsabilidad de cómo planificar.
- Hablar abiertamente y sin ningún recato sobre el tema o, al contrario, no admitir ninguna observación o comentario al respecto.

Pautas de manejo

- Dar información, aunque el joven crea saberlo todo.

- No insistir permanentemente sobre el tema o entrometerse en la forma como el joven usa los métodos anticonceptivos.
- Un diálogo franco y respetuoso puede ayudar a los padres a saber qué tanta ayuda necesita el joven en este campo.
- No asumir la responsabilidad de que el joven planifique; esto les corresponde a él y a su pareja.
- Mostrarle que esta es una decisión de pareja y que exigirlo es una muestra de cuidado y amor por sí mismo y también por el otro.

Algunos consejos para poder dialogar de sexo con los hijos

- Tenga claro qué tipo de criterio tiene usted sobre el sexo. El concepto que usted tiene es el mismo que va a transmitir a sus hijos.
- Deje la vergüenza de lado.
- Busque el momento indicado.
- Asuma una actitud abierta y comprensiva.
- Exponga tranquilamente sus criterios, preocupaciones y lo que espera de su hijo.
- Escuche lo que su hijo tenga que decir.
- Respete sus criterios y decisiones.
- Es difícil que padre e hijo estén de acuerdo, pero no es imposible.

Qué hacer si sorprende a su hijo teniendo relaciones sexuales

- Mantenga la calma.
- Evite gritar o agredir.
- No ataque a la pareja con la cual se encuentra su hijo.
- Permita que su hijo resuelva los detalles de la situación misma.
- No siempre resulta oportuno sentar en ese mismo momento la posición que usted como padre tiene ante este hecho, de manera que espere a que las cosas se calmen y hable con su hijo.

- Algunos padres aceptan que sus hijos tengan relaciones sexuales en casa. Esto también debe ser regulado, guardando el respeto y las normas de convivencia familiares.
- Conversar después en privado sobre lo que sucedió puede generar mayor reflexión y abrir un espacio para hablar sobre varios aspectos de una sexualidad activa. El diálogo sobre este tema debe hacerse respecto a la intimidad del joven. Aceptar la reserva que él considere necesaria, atendiendo a que esto hace parte de su vida privada.

LA MASTURBACIÓN

Tras la pubertad, las prácticas masturbatorias suelen volverse algo habitual en los adolescentes. La masturbación tiene como finalidad la exploración, el aprendizaje del cuerpo, el reconocimiento del placer que se puede alcanzar y la búsqueda de sensaciones nuevas. Esta hace parte de la búsqueda de la identidad sexual, es un comportamiento más del desarrollo juvenil que no debe implicar ningún precepto de anormalidad ni inmoralidad. La masturbación no es mala ni hace daño, a menos que se vuelva compulsiva.

El carácter sucio y maligno que se le dio en muchas épocas y sociedades no tiene fundamento alguno, más que el mito y el tabú. La masturbación no produce ceguera, acné, locura ni hace salir vellos en las manos. Todos estos son mitos.

Aunque la masturbación es más común en los hombres, las jovencitas también la practican, aunque de manera menos habitual y constante. Ambos suelen tener fantasías sexuales mientras se masturban, y esto también es común y propio de esta edad.

La masturbación es una manera de expresar los impulsos sexuales, pero si se convierte en el único recurso de entretenimiento y placer y, sobre todo, si está unida a características de introversión y retraimiento, no es normal y es mejor buscar ayuda profesional.

Reacciones de los padres

Algunos padres asumen la masturbación como algo desagradable, inadecuado o grotesco y les parece inconcebible que su hijo lo haga. Esta concepción está muy ligada a los prejuicios sociales que se le han dado a esta práctica desde tiempo atrás. Los padres deben tener en cuenta que hay un "nivel" de masturbación normal en la etapa de desarrollo de los jóvenes y comprenderlo.

Qué hacer en caso de encontrar a su hijo masturbándose

Evidentemente, no es grato encontrarse con esta escena y sí es muy bochornoso para ambos, pero hace parte del desarrollo sexual del joven. ¿Qué hacer?
- Mantenga la calma. Evite una reacción de alarma.
- No lo juzgue ni haga que se avergüence.
- Si el joven no se dio cuenta, puede ignorar este hecho.
- No comente esta situación a otras personas.
- Si este acto es repetitivo, puede conversar con su hijo sobre el tema, sin presionarlo.

RELACIONES SEXUALES AFECTIVAS

Es cierto que muchos adolescentes asumen con ligereza las relaciones sexuales, pero también hay otros que pueden entablar una relación fundada en sentimientos sanos y con relaciones sexuales responsables y afectivas con su pareja, aunque estas sean temporales.

Las relaciones afectivas son aquellas basadas en sentimientos de amor, cariño, respeto, apoyo, entre otros, e incluyen sexo. Anteriormente solo se concebían estas dentro del matrimonio. Sin embargo, la sociedad ha asimilado algunas variantes en la concepción de pareja y acepta y respeta muchos más tipos de relaciones. De hecho, el matrimonio ha perdido importancia y validez social para algunas personas. Hoy, muchos lo consideran un ritual religioso en el que ya no creen. Por ello, han aumentado las uniones libres y el número de personas que prefieren seguir una vida solos con relaciones ocasionales. Esta nueva concepción de pareja no se debe exclusivamente a las relaciones sociales y al compromiso que implican, influyen mucho las condiciones económicas que priman en el mundo. Cada día es más difícil conseguir trabajo y obtener una remuneración que alcance a cubrir todos los gastos que demanda una familia, y muchos jóvenes lo saben. Igualmente, el lugar del matrimonio ha quedado relegado a un segundo plano, después de la realización personal y profesional, lo que no significa tampoco que haya sido completamente eliminado de la mente de los adolescentes. Otro factor importante que debe tenerse en cuenta es el alto índice de divorcios que se vienen dando en las sociedades modernas. Esto significa que actualmente hay un mayor número de jóvenes que han vivido la separación de sus padres, lo que sí ha influido en la planeación de futuros hogares. Hoy los jóvenes son más reticentes a crear una familia, pero esto no se traduce necesariamente en que sean incapaces de llevar una relación responsable y seria.

Ante este panorama, es normal entonces que los padres se preocupen por las relaciones que forman sus hijos. Muchos de ellos esperan aún que sus hijos no sufran sentimentalmente y que encuentren pronto una relación estable que desemboque en un matrimonio feliz. Esto es muy válido, sin duda, pero también es necesario ser realistas y asumir la sociedad y el contexto en el que viven los jóvenes de hoy, sus creencias y sus formas de pensar.

Se ha comprobado que cuando las familias son más estables, los jóvenes tienden a ser más equilibrados emocionalmente, lo cual los lleva a establecer relaciones con más sinceridad y responsabilidad. Hijos de familias con valores y principios claros suelen tener menos relaciones pasajeras y menos ensayos de prueba-error, por decisión propia.

¿Cuál es el papel de los padres?

Haber establecido desde antes de la adolescencia un hogar donde prime la confianza, el respeto, la posibilidad de diálogo y la claridad de un proyecto de familia y futuro. Un hogar donde cada miembro conozca los valores y principios sobre los que se ha construido la familia, sepa cuáles son las expectativas de los padres respecto a temas como las relaciones y la sexualidad. Este marco es fundamental para los jóvenes como un referente sólido que deben seguir.

Si este contexto no se ha construido, es necesario trabajar para dar al joven algunos parámetros que lo guíen en sus nuevas elecciones. Nunca es tarde para hacerlo.

EMBARAZOS NO DESEADOS EN EDADES TEMPRANAS

Varios países de América Latina tienen índices muy elevados de embarazos en edades tempranas; lastimosamente, es un fenómeno propio de países en desarrollo y no necesariamente de las clases bajas.

Desde la pubertad, más específicamente desde la primera menstruación, el organismo femenino es apto para tener hijos. Sin embargo, aunque fisiológicamente la mujer esté lista, psicológica y emocionalmente no lo está. Un embarazo en la adolescencia irrumpe en un proceso de maduración que necesariamente se ve afectado. La vida de una jovencita cambia radicalmente con un hijo, más que la vida del joven. Las madres jóvenes tienen menos logros académicos, dependen más de sus parejas o de sus padres y tienen un nivel de ingresos menor. Además, esto implica connotaciones sociales: muchas adolescentes que quedan embarazadas son rechazadas o estigmatizadas.

¿Cuáles son las opciones?

Cada opción aquí propuesta debe ser analizada en familia y reflexionada por cada uno de los jóvenes, sin presiones de los padres. Ante todo, debe primar la sensatez y el respeto, así como los valores familiares que esclarecen qué está bien y qué no.

- Casarse. Esta alternativa debe pensarse bien, ya que un matrimonio no es fácil de llevar, a no ser que la pareja, por decisión propia, lo desee. Sin embargo, debe tenerse en cuenta que es alto el índice de divorcios y separaciones en matrimonios que han sido el resultado de un embarazo no deseado. Hoy en día existen muchas opciones y alternativas viables para los jóvenes, que pueden ser tenidas en cuenta. Hacer uso del matrimonio para evitar una vergüenza social ya no es una excusa. Hoy lo que importa es el futuro de la pareja y del bebé. Obligar a los jóvenes a casarse tampoco es una decisión inteligente, esto casi siempre termina en problemas.
- Vivir juntos. Es prácticamente la misma opción del matrimonio, pero sin el compromiso legal o religioso que implica dicha institución. Tanto en esta opción como en la del matrimonio deben tenerse en cuenta condiciones como la capacidad económica de la pareja, la madurez de cada uno y las posibilidades de llegar a realizarse como pareja.
- Ser madre soltera. Esta opción tiene implicaciones muy importantes. La mujer debe pensar en cómo se va a sostener y en quién va a cuidar a su hijo mientras ella trabaja. Debe prepararse para asumir sola su papel de madre. En todo caso, esta opción requiere mucho apoyo y guía de los adultos que están a su alrededor.
- Tener el bebé y quedarse con los padres (abuelos). Muchas jóvenes eligen esta opción con el apoyo de sus padres, de esta manera, es viable que terminen sus estudios, logren un buen empleo y puedan sacar adelante a su hijo.

- Darlo en adopción. Esta opción es válida en algunos casos. Hay muchos jóvenes que no se sienten capaces de criar a un hijo aún o saben que no podrán hacerlo y deciden darlo en adopción. Muchos centros brindan este tipo de alternativas e incluyen apoyo médico y psicológico a la pareja.
- Abortar. Esta opción solo es viable en países donde el aborto es legal. Tiene muchas implicaciones fisiológicas, emocionales, éticas y morales que deben tenerse en cuenta y considerarse de manera consciente.

¿Cuál debe ser la actitud de los padres?

- Muchos padres tienen expectativas muy rígidas respecto al comportamiento de sus hijos. Cuando se da un embarazo no deseado, sienten que los hijos los han decepcionado y no han valorado todos sus esfuerzos y desvelos por ellos. Cuando ven que han transgredido sus principios, adoptan posturas extremas, como echar a la hija de la casa y retirarle todos sus afectos. Por doloroso que sea, es en estos momentos cuando los hijos necesitan la comprensión y el apoyo de los padres, no solo los juicios y reclamos. Los hijos necesitan otras oportunidades y aprenden de los errores.
- Algunos padres también suelen culparse unos a otros sobre estos fracasos de los hijos. Esta actitud solo genera rabia y confusión.
- Brindar orientación a los jóvenes sobre diversas alternativas para que ellos puedan tomar una decisión con el mayor número de elementos posibles.
- Apoyar a sus hijos en las decisiones que tomen.
- No obligar ni presionar a los hijos a tomar ninguna decisión.
- Asistir emocionalmente a la pareja, y orientarlos para que accedan a un terapeuta.
- Apoyar económicamente a los jóvenes, hasta que ellos puedan lograrlo solos, en la medida en que sea posible.

- Hablar con claridad acerca de cuál es su posición, sin imponerla a los hijos.
- Mostrar y orientar a los jóvenes sobre lo que implica la maternidad y la crianza de los niños.
- Tener en cuenta que generalmente esta es una decisión con grandes costos que el adolescente toma en contra de su voluntad, por esta razón los jóvenes van a necesitar apoyo para mantenerla.

ABORTO

El aborto es la interrupción de un embarazo, ya sea por causas naturales (espontáneo) o inducidas, cuando alguien lo provoca.

El aborto nunca es una decisión fácil de tomar, no debe asumirse como un método de control de natalidad. Trae consigo una serie de consecuencias físicas, emocionales, sociales, éticas y legales que deben tenerse en cuenta.

Consecuencias de un aborto:

- Físicas: tras un aborto realizado por un médico, la recuperación física se demora un par de semanas. Pueden presentarse pequeñas cantidades de sangrado vaginal y cólicos uterinos leves. El periodo menstrual se presenta de nuevo tras cuatro o seis semanas; no obstante, la mujer está en posibilidades de volver a quedar embarazada inmediatamente. Por esto, es importante usar anticonceptivos después del procedimiento. Cuando un aborto es mal practicado, pueden presentarse complicaciones de carácter infeccioso, como endometritis (inflamación del endometrio) o miometritis (inflamación del útero), que pueden llevar a la extracción del útero. Asimismo, también es viable que se dé una perforación uterina, del colon, del recto o del intestino delgado, lo que puede convertirse en una peritonitis que ocasione la muerte de la mujer. Otras complicaciones son las hemorragias, la coagulación intravascular diseminada y la incompetencia cervical, que no solo pueden causar infertilidad, sino también la muerte.

- Emocionales: un aborto tiene consecuencias similares a las del duelo, es decir, negación, rabia, culpa y vergüenza. Después de un aborto, es común que la mujer se sienta sola y deprimida y con ideas negativas hacia el futuro, así como con temor a no poder tener hijos en el futuro o a no poder establecer una relación de pareja fuerte y sólida.

- Sociales y legales: cada sociedad es diferente. Hay países donde el aborto no es legal, algunos donde sí lo es y otros donde solo es permitido en algunos casos (cuando peligra la vida de la mujer o del niño, cuando hay malformación del feto o cuando es producto de una violación). Cualquiera que sea el caso, siempre habrá posturas a favor y en contra, por ser un tema con muchas implicaciones. La decisión de optar o no por un aborto debe estar siempre dentro de la ley, aunque en muchos países se practique de manera clandestina. Asimismo, la determinación de hacerlo debe ser personal, con base en las creencias, principios y valores que rijan la vida de la mujer. Recurrir a un aborto de manera ilegal trae consecuencias penales, estipuladas en los códigos legales de cada país. El hecho de que muchas mujeres lo hagan por esta vía sin haber tenido consecuencias legales no justifica su realización. Además, los riesgos físicos y emocionales que se corren son muy altos.

- Éticas y morales: el aborto es una decisión personal y privada que debe tomarse con base en los criterios y creencias propios. De ninguna manera es una decisión social ni de los medios. Cada persona está en todo su derecho de tomar la opción que crea correcta, siempre y cuando sea legal. Aunque también cada quien tiene derecho a opinar y a plantear sus opiniones al respecto, nadie tiene derecho a juzgar las decisiones de otro. El respeto y la tolerancia son determinantes.

Aborto y adolescencia

Para una adolescente, tomar la decisión de abortar es mucho más difícil que para una mujer adulta, debido a su edad, su inmadurez y su inexperiencia. Lastimosamente, muchas jóvenes eligen este camino a la ligera, sin prever ningún tipo de consecuencias y, varias veces, sin importarles que sea legal o no. En algunos casos, el aborto se convierte en otra "medida de anticoncepción" o en la manera más rápida y "confiable" de "salir del problema". Dada la brecha comunicacional que existe con los padres, muchas de estas adolescentes ni siquiera les contarán a sus padres que están embarazadas y muchos menos que piensan abortar o que ya lo hicieron. El número de casos de aborto que se realizan en la clandestinidad y en completa ignorancia de los padres es muy alto. Esta es una circunstancia a la que los adultos, padres y educadores, deben atender con cuidado.

Algunas jóvenes, por su parte, no toman la decisión, sus familias la toman por ellas porque la reputación familiar está en juego. Así, hay muchos abortos que se realizan de manera clandestina o "legalmente disfrazados", para evitar un asunto socialmente bochornoso. Esto sucede, además, en todas las clases sociales.

Para prever

- Desde antes de la adolescencia es imprescindible instaurar un buen mecanismo de diálogo con los hijos. Si se fortalece la confianza mutua, es muy probable que cuando ellos estén en problemas acudan a sus padres.
- Hable de sexualidad con sus hijos. Si alguien está informado y preparado para entablar relaciones sexuales, hay menos posibilidades de que se llegue a situaciones tan críticas como la del aborto.
- Deles información veraz y confiable a sus hijos sobre la posibilidad de un embarazo y sobre métodos anticonceptivos.

- Cree en sus hijos una conciencia adecuada respecto a la sexualidad, fundada en valores y principios morales y afectivos.

EL HOMOSEXUALISMO

El homosexualismo es la orientación sexual en la cual las personas se sienten atraídas por otras de su mismo sexo. A los varones homosexuales usualmente se les denomina *gays*, y a las mujeres, *lesbianas*.

Alrededor del homosexualismo se han tejido muchos mitos, casi todos fundados en apreciaciones religiosas, morales y sociales. La falta de información y la desinformación difundida por muchos medios ha llevado a la sociedad a establecer estereotipos sobre los homosexuales. Aunque hoy es una condición relativamente más aceptada, los homosexuales siguen siendo minoría y, en muchos casos, son víctimas del rechazo social y de abusos físicos por parte de grupos de ideologías extremas.

Son muchas las investigaciones que se adelantan sobre el homosexualismo y varias las preguntas al respecto que aún no tienen respuesta: ¿un homosexual nace o se hace?, ¿es un asunto genético o psicológico? La verdad es que no hay respuestas definitivas ni contundentes. Lo que sí hay de cierto es que, lastimosamente, en general las personas tienden a temer y rechazar lo que desconocen.

Aunque muchos adolescentes tengan una experiencia sexual con alguien del mismo sexo cuando son jóvenes, esto no significa que sean homosexuales. Puede ser parte del despertar sexual del joven. Si los adolescentes se dan cuenta de que a medida que crecen siguen sintiéndose atraídos por personas del mismo sexo, están en todo su derecho de poder tomar una decisión sobre su sexualidad. Los homosexuales descubren su orientación sexual como resultado de un proceso de maduración natural.

Cuestionamientos de los padres

Definitivamente no es sencillo para los padres aceptar con facilidad el homosexualismo de alguno de sus hijos. Cuando esto sucede, miles de preguntas los invaden:

- ¿Qué hicimos mal?
- ¿En qué nos equivocamos?
- ¿Por qué nos tiene que pasar a nosotros?
- ¿Qué van a decir los demás?
- ¿Desde cuándo?
- ¿Cómo y dónde pasó?

La verdad es que los padres no hicieron nada malo ni su hijo es anormal. A pesar de los mitos que se ciernen alrededor de este tema, sí se sabe que las personas homosexuales por lo general se han criado en hogares estables de padres heterosexuales. De manera que esta condición no necesariamente es resultado de una situación traumática en la niñez o de una familia disfuncional. Las explicaciones pueden ser más complejas y abarcan muchos ámbitos de la vida y del contexto en el que se crio la persona. Buscar asesoría y apoyo profesional puede ser de gran ayuda.

¿Qué pueden hacer los padres?

- Dar tiempo para que los adolescentes procesen estas decisiones. Esto puede ser producto de un momento vital por el que esté pasando el joven.
- Los padres deben esclarecer cuáles son sus temores; si son sobre ellos o sobre el futuro de su hijo. Evaluar las creencias, estereotipos y clichés que se tienen sobre la homosexualidad; estos son dados generalmente por la educación recibida.
- Informarse. Saber y conocer sobre un tema lo desmitifica y muestra una perspectiva más amplia.

- Buscar una tercera persona que les permita comprender la situación, como un psicólogo o un psiquiatra. La asistencia terapéutica ayuda a esclarecer las razones que llevan al adolescente a plantear la homosexualidad como una opción. Algunas veces, haber tenido contacto con personas del mismo sexo lleva al joven a concluir equivocadamente que es homosexual.
- "Salir del clóset", como se define a las personas que reconocen públicamente su condición, es generalmente traumático y difícil. Este es un evento muy importante y definitivo en la vida. Si usted puede estar ahí para ayudar a su hijo a realizarlo, no deje de hacerlo.
- Hablar tranquilamente con su hijo y escuchar. Tener una actitud comprensiva. Comprender no es aguantar. Muchos padres asumen una actitud de "tocará aceptarlo" y esto tampoco es lo adecuado. Comprender implica "encontrar justificados los actos o sentimientos de otro", dice el diccionario, así como "abrazar, ceñir, rodear por todas partes algo". En esta medida, comprender es más resultado de la reflexión que de la resignación.
- Respetar. La tolerancia a la diversidad es un reto que todos los padres tienen.
- La homosexualidad no parece derivarse de un problema de crianza; los padres no deben culparse por este hecho.
- No considere la decisión de su hijo como un fracaso en su vida.
- No abandone a su hijo, ayúdelo y apóyelo.
- Se puede aconsejar, dar un compás de espera o solicitar ayuda para sopesar la decisión de comunicarlos a otras personas diferentes a sus padres.
- Si por cualquier motivo los padres no pueden aceptar la orientación del hijo, deben ser tolerantes. Lleguen a un acuerdo en el trato. Evidentemente, no se trata de imponer posiciones, pero sí de respetarlas. Puede ser útil buscar un grupo de ayuda o parientes que sepan su condición y le brinden respaldo.

- Manejen la situación con honestidad y sinceridad. Imponer un ambiente hipócrita tampoco es aconsejable.
- Continúen con la educación sexual de su hijo. Los jóvenes homosexuales también necesitan aprender sobre su sexualidad, y los padres siguen teniendo la responsabilidad de guiarlos.
- Con las relaciones afectivas homosexuales ocurre lo mismo que con las heterosexuales: pueden ser armónicas, conflictivas, permanentes o esporádicas.
- Los homosexuales sí pueden tener una vida estable y feliz en pareja.

Algunos mitos sobre el homosexualismo

- Los hombres que no tuvieron padre tienen más tendencia a ser homosexuales.
- Hay homosexuales solo en familias con problemas.
- Las mujeres lesbianas son marimachas y tienen comportamientos masculinos y los hombres homosexuales tienen siempre actitudes femeninas.
- Los homosexuales siempre tienden a ser promiscuos.
- La homosexualidad está dada en su totalidad genéticamente.
- La homosexualidad se les nota desde pequeños.

LA PORNOGRAFÍA

La pornografía se refiere a todo material, impreso o en video, que muestre los órganos genitales o el acto sexual de una o varias personas. Mucha gente suele buscar este tipo de material para excitarse o masturbarse, aunque hay casos de gente que lo usa para satisfacer el morbo y el voyerismo.

La curiosidad propia de los adolescentes seguramente llevará a algunos a buscar estas imágenes, a comprar este tipo de revistas o a buscarlas en Internet. Los jóvenes son dados a adquirir materiales gráficos en los que aparecen mujeres bonitas con poca ropa. En muchos grupos esta práctica es una expresión de masculinidad. Los jóvenes suelen buscar más la pornografía, aunque hoy por hoy el índice de jovencitas que la ven también ha aumentado.

La pornografía no es de ninguna manera un componente válido para la educación sexual ni un mecanismo de terapia sexual. Aunque en la gran mayoría de los casos de adolescentes no pase de ser un acto de curiosidad que no trasciende en absoluto, esta distorsiona completamente el sentido de lo que es el sexo en una relación fundada en el amor. Este tipo de información sí influye en lo que se conciba como sexo, para qué y con qué sentido. La pornografía distorsiona lo que se espera o la manera como se conciben las relaciones de pareja, y de esto precisamente se deriva la mayor preocupación de los padres: que sus hijos tomen el sexo a la ligera y lo fundamenten única y exclusivamente en el placer. La pornografía demerita completamente el concepto de sexualidad en el ser humano, sobredimensiona la expresión erótica y muestra situaciones exageradas o fuera de la realidad.

Se suma a esta preocupación la facilidad con que hoy en día los niños tienen acceso a este tipo de material. Realmente hay muy poca censura al respecto. A través de Internet es incalculable la cantidad de información pornográfica a la que los jóvenes tienen acceso y están expuestos, además de los peligros y riesgos a los que se exponen al entrar a estos lugares virtuales que, como ya se han dado casos, pueden terminar en redes de pederastas o en abusos a menores.

Los padres deben hablar con sus hijos sobre el tema de la pornografía, las posibilidades de Internet y los posibles riesgos a los que están expuestos, con claridad. Esto es una realidad que infortunadamente acecha constantemente a los niños y los jóvenes, por ello es muy importante informarlos al respecto. Es preciso tener mucho cuidado. Se ha demostrado que el uso permanente de material pornográfico genera la necesidad permanente de exponerse continuamente a este y, como con cualquier adicción, se requiere material de mayor impacto para satisfacer la necesidad de complacerse. Cuando esto ocurre, el joven puede sentir culpa, rechazo y preocupación por la tendencia a necesitarlos.

La pornografía ilegal comprende prácticas que exceden los límites de una sexualidad sana y normal. También sucede que las personas enfermas sexualmente hacen uso del material para ganar la confianza de sus víctimas e intentar seducirlas.

Qué hacer cuando encuentra material pornográfico en casa

- No es buena idea confrontar a los adolescentes para que cuenten que lo han adquirido.
- Para muchos jóvenes, parte del encanto de este material es tenerlo en secreto, aun con padres abiertos.
- Si la información es sobre mujeres desnudas o parejas, lo mejor será dejarlos en su lugar. Esta información hace parte del mundo privado y personal del adolescente.
- Los padres deben mostrar al joven su opinión sobre el uso permanente de material pornográfico.
- Conocer qué motiva al adolescente a consultar este material. Muchas veces la pornografía se usa por simple curiosidad, ya que tiene un aspecto prohibitivo que la hace atractiva. Otras veces los jóvenes recurren a este material para despejar dudas que no han sido resueltas por otros medios, porque no encuentran espacio en las relaciones familiares o porque son introvertidos. También es importante revisar si el uso de la pornografía por parte del joven está enmascarando alguna dificultad emocional. En este caso es preciso buscar ayuda profesional.

Los bares *swingers*

Los bares *swingers* son lugares a los que van parejas para tener sexo con un miembro de otra pareja. La pareja que frecuenta estos sitios está de acuerdo en este tipo de prácticas, donde consideran que el intercambio de parejas es solo de carácter sexual y no sentimental, y donde no les importa la fidelidad física y respetan otras elecciones mutuas.

Por ley este tipo de bares no aceptan a menores de edad. No obstante, es una realidad el mercado negro de documentos falsos a los que los jóvenes tienen acceso, lo que les permite lograr entrar en estos lugares.

Qué implicaciones tiene para una pareja de jóvenes incurrir en estas prácticas

- A pesar de que muchas parejas sienten que esta es una manera de ampliar las posibilidades de la relación, algunas veces las reacciones emocionales no se pueden prever y afectan negativamente la vida de la pareja o el concepto de sí mismo.
- Estas prácticas pueden afectar una vivencia sana de la sexualidad y distorsionar su verdadero sentido.
- Con frecuencia esta actividad está vinculada al alcohol y, en algunos casos, al consumo de drogas. En este sentido, se experimenta una situación que no corresponde a la realidad. Una vez desaparece esta circunstancia, la pareja se enfrenta a su vida cotidiana con sus virtudes y defectos.
- Aunque esta actividad esté aprobada por ambos miembros de la pareja, en el futuro crea desconfianza y temores respecto a la seguridad en la otra persona.
- El concepto tradicional de pareja está fundado en la idea de exclusividad. Compartir experiencias sexuales con otras personas puede percibirse como un acto de infidelidad.

LA PROSTITUCIÓN

La prostitución se concibe como todo tipo de intercambio sexual entre dos o más personas, a cambio de dinero, de un favor, de una promoción o de cualquier otro tipo de exigencia. Lastimosamente, dada la desvirtualización que se ha hecho actualmente del sexo, apoyada en gran manera por los medios de comunicación y la publicidad y la crisis de valores vigente en prácticamente todas las sociedades, el sexo se ha convertido en una herramienta para conseguir de manera rápida lo que se desea. El placer y el deseo son quizás los móviles que hacen que alguien pague un precio por estar sexualmente con otra persona.

La prostitución no es una práctica exclusiva de las mujeres, hoy son muchos los hombres que también se dedican a ello. Varias investigaciones muestran, además, que muchas personas no practican la prostitución por necesidad económica, sino puramente por placer o como un medio rápido y fácil de conseguir lo que requieren. La prostitución no es exclusiva de las clases bajas o marginales, siempre ha incluido las clases sociales altas, solo que de manera más discreta.

Qué implicaciones tiene para un joven incurrir en la prostitución

- Culpa, vergüenza e inseguridad.
- Cambios en el entorno social.
- Desvalorización de su cuerpo y de su autoimagen.
- Vínculos con la droga y el alcohol.
- Dificultad para sentir placer.
- Disociación entre el amor y la sexualidad.

Qué puede hacer un padre que sabe que su hijo está dentro de la prostitución

- Generar un espacio para evaluar los motivos por los cuales un joven incurre en esta práctica.
- Mostrar el impacto emocional, afectivo y psicológico que esta actividad tiene en la vida de un joven.
- Orientarlo para buscar alternativas diferentes a sus necesidades económicas o profesionales.
- Revisar la dinámica familiar; algunas de las razones por las cuales un joven llega a esta práctica son de orden afectivo y emocional. Con frecuencia los jóvenes buscan afecto a través de la sexualidad, aun en detrimento de su autoestima y dignidad.
- Generar cambios en el criterio del joven, pues muchos realizan esta actividad presionados por otros.

IV. Los adolescentes y la familia

Una etapa como la adolescencia no solo la viven los jóvenes. Cuando uno de los miembros de una familia entra en este periodo, muchas cosas cambian. Toda la familia se afecta: los jóvenes ya no pasan tiempo en casa, no hablan con sus padres, aumentan las peleas con los padres y hermanos, se llevan el carro sin pedir permiso, no regresan a la hora estipulada; en fin, son varios los conflictos que comienzan. Parece que un tornado circulara en medio del hogar, removiendo toda la paz y la tranquilidad familiar. Los padres empiezan a notar que los jóvenes imponen una serie de restricciones en su relación y, como consecuencia, sienten que la familia pierde la unión. El alejamiento de los hijos se hace evidente. Los jóvenes se apartan de los padres por lo que ellos representan —autoridad, disciplina, orden, etc.— y por quienes son, aumentando la brecha comunicacional entre ambas partes.

La inmensa necesidad de autonomía que tienen los adolescentes los lleva también a apartarse de su familia. Sin embargo, no la pueden obtener del todo porque todavía dependen de sus padres en muchas áreas, como la económica. Esto les genera una extraña sensación de furia y tranquilidad al tiempo. Quisieran hacer muchas cosas, pero, por ejemplo, no tienen todo el dinero o toda la capacidad para hacerlo. Sin embargo, al mismo tiempo sí necesitan que sus padres sigan estando ahí, presentes. Esto aún les da sosiego. De manera que ese deseo de que los padres estén pero no estén a la vez, los pasa por distintos estados de ánimo con la familia. Hay días en que los padres "son los malos" y no los quieren ni ver; otros, por el contrario "son los buenos" que están allí para apoyarlos.

También es importante recordar que esta es una época que plantea nuevos retos y desafíos positivos. De esta etapa también hacen parte la energía, la capacidad para construir, la creatividad, el idealismo y el amor con que se emprenden nuevos proyectos. Los cambios del adolescente traen consigo no solo caos y desconcierto. Las nuevas experiencias, la naciente autonomía del joven, sus ideas originales, aunque extravagantes, generan una dinámica que puede resultar interesante y un desafío que vale la pena asumir. Intentar entenderlos es un esfuerzo de flexibilidad y tolerancia que hace avanzar también a los padres en su desarrollo personal. Ese viaje que emprende el adolescente también puede mostrar a los padres nuevos horizontes o ampliar el que ya tienen, en momentos de oportunidad y posibilidades de cambio.

En la crianza de los hijos la familia tiene dos funciones principales: proveer y formar. ¿Cómo ejercer la parte de la formación? Ese ha sido tema de debates de varias teorías y tendencias psicológicas. Durante mucho tiempo se apeló a una formación muy rígida y autoritaria, que dio como respuesta una modalidad completamente opuesta: criar a los hijos dejándolos ser y hacer libremente. Las investigaciones y estudios más recientes han demostrado que ninguno de los dos estilos de formación es el mejor. La búsqueda de un equilibrio entre libertad y límites es quizás lo más cercano a un buen esquema. Por ello, hoy se propugna por que los padres retomen su papel de educadores sin caer otra vez en las redes del autoritarismo. Encontrar un equilibrio de manejo entre la libertad y los límites cobra mayor vigencia durante la adolescencia: si usted logra llevar esta fórmula a la práctica, podrá sortear mejor esta etapa de la vida de su hijo.

LAS PELEAS CON LOS PADRES

Una de las características de la adolescencia es la rebeldía contra las figuras de autoridad, como una manera de poner a prueba los límites impuestos a lo largo del proceso de formación. Por ello el mayor número de peleas tiene lugar entre los jóvenes y sus autoridades inmediatas, como los padres o los maestros.

En esta etapa es normal que los jóvenes exijan una explicación a las decisiones o a las órdenes de los adultos, muchas veces porque no quieren obedecerlas o simplemente porque "tienen" que cuestionarlas.

Otro motivo de peleas son las sentencias provocadoras que los jóvenes emiten. Recuerde que en esta etapa los adolescentes van a ser jueces inquisidores de la vida de los padres. Los jóvenes son muy hábiles para manejar las emociones ajenas y más las de los padres cuando logran identificar sus debilidades o culpas. Si ellos se dan cuenta de que una frase logra el cometido de herir, la volverán a usar. Los padres deben tener la habilidad necesaria para no tomar a modo personal todo lo que los adolescentes les dicen, más cuando están furiosos. Asimismo, tampoco deben dejar que aquellos manipulen su autoridad hiriéndolos en el talón de Aquiles. Cuando esto sucede, hay que poner límites y recordar cuáles son las reglas.

¿Por qué surge el conflicto con los padres?

- Porque los padres se sienten cuestionados.
- Porque los adolescentes ponen en tela de juicio las decisiones y la autoridad de los padres.
- Porque los jóvenes atacan en el punto más débil de los padres y pueden ser muy ofensivos.
- Porque los jóvenes creen que crecer implica irrespetar y no obedecer.

101

¿Qué pueden hacer los padres?

• Durante la adolescencia, los jóvenes están más atentos a la manera de ser de los padres y cómo se comportan, de modo que son más críticos con ellos. Eso se puede reflejar en la forma como los hijos dan a conocer sus opiniones. Es decir, pueden hacer comentarios en los que enjuician su forma de ser o de pensar de manera grosera. Ante esta actitud los padres se sienten atacados y se hacen respetar imponiendo su autoridad, el problema es que si lo hacen de forma agresiva o defensiva aumenta la pelea y se rompe la comunicación. Lo mejor es que los padres tomen el control de la situación y no se dejen alterar por los comentarios de los hijos, aunque duelan. Es fundamental entender que los hijos hacen estas críticas como parte del proceso de independencia. Lograr manejar estos comentarios es un reto para los padres, teniendo en cuenta que muchas veces estos son muy hirientes o provocadores. Lo mejor es tratar de mantener el control e intentar manejar la situación con tolerancia y respeto.

• No gritar ni dejarse llevar por las emociones del momento. Hay maneras de hacer entrar en razón a un joven que pueden ser mucho más contundentes que un grito, por ejemplo, un buen discurso.

A continuación se describen algunas otras circunstancias que son motivo de pelea entre padres e hijos adolescentes, dando a cada situación algunas posibilidades de acción.

PELEAS CON LOS HERMANOS

Las peleas entre hermanos son una de las quejas constantes de los padres. Durante la adolescencia las relaciones entre los hijos no suelen ser muy fluidas y, por lo general, hay muchas peleas entre ellos. Parte del crecimiento implica que cada uno busque su lugar en la familia o trate de llamar la atención de los padres, motivo que generará muchos enfrentamientos.

Hay una enorme variedad de razones por las que los hermanos pelean entre sí. Los motivos pueden ser irrelevantes para los padres, pero sí son de gran importancia para los jóvenes. No todas las peleas merecen la atención y la intervención de los padres, aunque sí son buenos momentos para enseñar o reforzar en los jóvenes la resolución de conflictos.

Cuando entre los hermanos hay una gran diferencia de edades, con la llegada a la adolescencia se marcan distancias; el que está pasando por este periodo va a ser muy celoso de su espacio, sus cosas y sus amigos. Lo más seguro es que no quiera compartir nada con sus hermanos, ni siquiera el tiempo. Si alguno de los hermanos viola estos límites de privacidad, lo más seguro es que haya un enfrentamiento. Esto no quiere decir que los hermanos no se quieran; es parte del proceso de afirmarse como individuos lo que los hace tomar distancia uno del otro. Si los hermanos, por el contrario, tienen edades similares pueden llegar a ser compinches en muchas cosas, aunque no es lo común, y lo más seguro es que a la hora de hacer confidencias prefieran a un amigo. También suele ser habitual que si hay problemas con los padres, los hermanos se solidaricen entre sí.

¿Qué pueden hacer los padres?

* Hay un índice "normal" de peleas entre hermanos por los cambios de humor, la falta de control de ciertas emociones, la necesidad de llamar la atención y el egocentrismo normal de los adolescentes. Cuando estas se dan, la mejor manera de actuar es no inmiscuirse en ellas. Casi todas las peleas entre hermanos siguen un mismo esquema: la víctima y el victimario, donde ninguno de los dos es realmente víctima o victimario. Entre jóvenes siempre las dos partes llevan

culpas: la víctima suele ser un as provocando a su hermano, el victimario suele ser el de poca capacidad de control, lo que lo hace estallar con cualquier provocación. El patrón de pelea es: la víctima lanza su anzuelo, el victimario cae en la trampa, enseguida golpea, la víctima sale "herida" e inmediatamente va a acusar al "culpable". Ante los gritos y el llanto, los padres acuden veloces a resolver el conflicto, y la pelea se pone peor. De manera que, como ya se mencionó, lo mejor es no intervenir. Cuando lleguen a darle quejas, dígales que usted está completamente seguro de que ambos están en total capacidad de resolver las diferencias. Al principio, quizás aumente el nivel de las peleas por la falta de "atención" de los padres. Pero manténgase firme, en unos días comenzarán a disminuir.

- Enséñeles a sus hijos que toda persona tiene derecho a exigir lo que desea o a hacer respetar sus derechos, siempre y cuando lo haga en buenos términos y de buena forma. Ayúdelos a evaluar las diferentes situaciones y a que consideren cuán importante es cada problema y cuáles son las posibilidades para solucionarlo.

- Si las peleas son recurrentes, los padres pueden actuar como mediadores para establecer reglas y condiciones que ambos lados deben cumplir.

- Cuando las peleas toman más envergadura de lo normal, es recomendable que los padres conversen por separado con cada hijo para conocer el punto de vista de cada uno, y luego reunirlos mediando en la búsqueda de una solución. La idea es que cada uno logre comprender la perspectiva del otro.

- No olvide que esta es la época de sobredimensionar las cosas; por ende, puede armarse una pelea terrible por algo insignificante. Ayude a los jóvenes a redimensionar los problemas.

- Adjudique horarios especiales para que cada hijo pueda desarrollar sus actividades personales sin que se crucen con las de los otros. Por ejemplo, el uso del computador, del estudio, del televisor, etc.

- Los padres también deben saber que cuando las relaciones entre hermanos han sido buenas, cuando pasa la crisis de la adolescencia estas vuelven a reanudarse.
- La forma como los padres resuelvan sus conflictos entre sí y con otras personas son imitadas por los jóvenes como modelos, de manera que revisen sus dinámicas de resolución de conflictos.
- A veces los jóvenes pelean con sus hermanos como una manera de "descargar" problemas externos. Si las peleas no parecen tener un motivo real en casa, quizás esta sea la razón, lo que amerita buscar el origen real del mal humor del adolescente. Este puede estar referido a un problema escolar o sentimental, en cuyo caso los padres pueden ayudar y aconsejar.

Estrategias para resolver conflictos

- No responder a las ofensas de manera inmediata. Dejarse llevar por la ira u otras emociones es peor.
- Apartarse durante un rato de la persona con quien se ha tenido el enfrentamiento.
- Cuando la furia haya pasado, buscar soluciones razonables.
- Escuchar todos los puntos de vista de los implicados.
- Llegar a un acuerdo.
- Cumplir lo pactado.

YA NO HAY COMUNICACIÓN

Una buena comunicación es la base de toda relación, sobre todo en aquellas en las que hay sentimientos de por medio. Comunicarse no es solo hablar. Comunicarse abarca un gran campo de acciones —el habla, los gestos, las posturas, etc.— a través de las cuales se comparte no solo información, sino también sentimientos y afectos. En la comunicación no solo juegan las habilidades de la expresión, también tienen cabida en ella las capacidades sociales, como la empatía, la asertividad, la tolerancia y el respeto, que les permiten a las personas entablar lazos efectivos en todos sus ámbitos sociales.

En la familia, la comunicación cumple un papel primordial. De ella depende gran parte de la estabilidad familiar y de su proyección. No obstante, durante la época de la adolescencia esta se va a ver afectada. Como ya se ha mencionado, la búsqueda de identidad que caracteriza a los jóvenes los va a llevar a apartarse de sus padres también en este ámbito. Los confidentes ya no van a seguir siendo los miembros de su familia, sino sus amigos, sus pares e iguales. La búsqueda de autonomía los va a llevar a no dejar que sus padres se "entrometan" en su vida privada. De ahora en adelante los jóvenes van a ser muy celosos de su individualidad y no la van a compartir con estos, a quienes, por cierto, ven algunas veces como sus enemigos. A medida que los chicos comienzan a interactuar con sus compañeros y a encontrar pares similares, canalizan sus habilidades comunicacionales hacia estas relaciones en formas como la manera de expresarse, de vestirse, de actuar, entre otras, no solo para parecerse a sus amigos, sino para ser aceptados por ellos. Es casi como si los hijos cambiaran de canal durante esta etapa, dejando a los padres en otra sintonía. De ahí que muchas veces los padres sientan que es imposible comunicarse con estos últimos.

Así, la comunicación entre padres e hijos, por un lado, se afecta por el deseo de intimidad y, por el otro, por el cambio generacional que sí implica formas nuevas de expresión.

Otro motivo que debe ser tenido en cuenta es el cambio de intereses del joven. Durante la niñez los intereses de los pequeños estaban centrados en la familia o en círculos que los padres aún podían dominar. Ahora, el eje del joven es él mismo. Quiere conocerse, identificarse desde su yo. Por ello busca intereses particulares que lo satisfagan a él, no a sus padres o hermanos. Por lo general, estos nuevos gustos son muy distintos a los de los padres y suelen ser lejanos a ellos, lo que conduce a una situación casi obvia: no hay tema para hablar, y si lo hubiera, es más grato desarrollarlo con los amigos. Es así entonces como sus nuevos amigos e intereses van a afectar completamente la comunicación con los padres y hermanos.

Además, hay que recordar que la sobredimensión que los jóvenes les empiezan a dar a sus cosas hace que den más importancia a temas como los noviazgos, el último grupo de música o la moda, que a la familia. De forma que es más importante hablar del último artista del momento con los compañeros que de la vida familiar con los padres. Por ello, los jóvenes pueden no mostrarse receptivos ni atentos a los comentarios de los padres.

¿Por qué se molestan los padres?

- Porque sus hijos los desplazan por sus amigos.
- Porque no saben muchas veces qué hace su hijo, con quién anda y qué lugares frecuenta.
- Porque cuando tratan de entablar una conversación con sus hijos, solo reciben un monosílabo como respuesta.
- Porque con frecuencia las conversaciones más triviales se convierten en acaloradas discusiones.
- Porque sienten a sus hijos alejados y distintos.

¿Qué pueden hacer los padres?

- Acepten el momento por el que su hijo está pasando, reconozcan su necesidad de privacidad y confidencialidad con sus amigos. En la medida en que lo hagan, ellos van a sentirse más tranquilos, con menos necesidad de "esconder" más cosas y, curiosamente, con la capacidad de poder contarles algunos de sus asuntos.

- No traten de forzar a sus hijos a hablar. Cuanta más presión ejerzan, menos palabras van a lograr "sacarles". En esta etapa los jóvenes son como las tortugas: mientras más las obliguen a salir de su caparazón, más se esconderán en él.

- Una buena comunicación no implica necesariamente continuidad, sino calidad. Esto quiere decir que durante esta etapa los padres pueden tener menos momentos de diálogo con los hijos, pero más consistentes.

- No obliguen a sus hijos a compartir actividades que ellos no quieran, solo para "motivar" la unión y la comunicación familiar. Presionarlos va a significar hermetismo, casi por principio.

- Ocasionalmente, traten de compartir con ellos actividades que sí les gusten. Esto abre y motiva el diálogo.

- No armen cantaletas ni peleas astronómicas porque sus hijos ya no les hablan. No sobredimensionen la situación. Esta es una etapa de la adolescencia que también pasará.

- Muchas veces son los padres quienes cierran los canales de comunicación al no tolerar o respetar los nuevos gustos e intereses de los hijos. Las diferencias generacionales son una realidad, no las asuman como una pelea, más bien sean receptivos a escuchar sobre ellas.

- Críticas y reclamos solo empeoran las cosas; traten de evitarlas.

- Intentar comprender qué es lo que le gusta, le importa y le interesa al adolescente, puede abrirles muchas puertas.

- En todo caso, tengan presente que es difícil garantizar conversaciones fluidas y cálidas.

- Aprovechen los momentos en que ellos sí quieren dialogar. Aunque crean que no se darán, sí se dan. Los jóvenes deben saber que ustedes siguen estando ahí para ellos. Así parezca lo contrario, ellos aún los quieren y los necesitan.

- No asuman el silencio de sus hijos como algo personal. El que ellos no hablen no significa que ya no los quieran o que verdaderamente los odien. Asúmanlo solo como lo que es: un "síntoma" más de la adolescencia.

- Al hablar de comunicación no solo se está haciendo referencia a temas serios. Esta se da en el trato diario, que incluye los saludos, preguntar cómo está el otro, si necesita algo o cómo van sus proyectos. Lo cotidiano da pie a charlas más importantes y a comprender decisiones repentinas como un nuevo *look*, la adhesión a un grupo determinado o la "aparición" de una pareja.

- La comunicación basada en la confianza, el respeto y la honestidad es fundamental para tratar temas como la sexualidad, las relaciones de pareja, las presiones de amigos, las drogas y el alcohol. Cuando se establece, los jóvenes sienten que los padres los escuchan y que están interesados en ellos.

LOS PERMISOS

Al hablar de permisos se está haciendo referencia no solo a los que tienen que ver con las salidas nocturnas, sino a cualquier tipo de situación en la que los hijos les piden el consentimiento a los padres para hacer algo.

Durante la época de la adolescencia los permisos cobran una dimensión importante; debido a ellos se da el mayor número de discusiones. Casi se puede afirmar que en esta edad ya no se trata de "dar permiso" en sí, sino de entrar a negociar con el joven, lo que muchas veces termina en polémica.

Dar los primeros permisos es siempre difícil, porque los padres no quieren "soltar" a sus hijos y también porque muchas veces los jóvenes no se dan cuenta de las dimensiones de lo que están pidiendo.

Los padres deben aprender a dar permisos. Son importantes para el proceso de búsqueda que está viviendo el joven. No obstante, hay maneras de hacerlo, teniendo en cuenta el tipo de permiso y la personalidad del joven.

Hay padres demasiado estrictos con los permisos. Esto, por lo general, desemboca en jóvenes que dicen mentiras y usan artimañas para lograr hacer sus cosas. Por el contrario, hay otros padres a los que ni siquiera se les pide permiso porque su desentendimiento con el joven llega a límites casi de abandono. La verdad es que ningún extremo es bueno.

Pedir permiso es una manera de demostrar respeto por los padres, de acogerse a las reglas y de afirmar ser parte de una comunidad. Esto deben tenerlo en cuenta los padres. Si los hijos aún piden permisos es porque saben quién es el que manda y cuál es su lugar, para ellos es un acto de humildad. Es una manera de informar a sus padres lo que desean hacer y buscar su aprobación o ayuda. Por eso, si ellos aún hacen este esfuerzo, no les cierre las alternativas con negativas tajantes, escúchelos y hable con ellos. Es verdad que los tiempos han cambiado y que los jóvenes hoy solicitan permisos para cosas más audaces o "inverosímiles", según creen muchos padres. Lo importante es ser abiertos y receptivos a las nuevas variaciones. Esto no necesariamente va en contravía de las reglas del hogar. Solo es saber reconocer la sociedad en la que están creciendo los hijos.

No olviden que la regla de oro de los permisos es llegar siempre a una buena negociación con los jóvenes, que sea justa para ellos y tranquilizadora para los padres. Dialogando siempre se puede llegar a establecer condiciones propicias para ambas partes.

¿Por qué surge el conflicto con los padres?

- Los padres se atemorizan de que sus hijos ya quieran ir solos a sitios donde ellos no podrán vigilarlos ni cuidarlos.
- Los padres se cuestionan sobre si sus hijos podrán cuidarse solos y serán lo suficientemente prudentes.
- Los padres temen ser muy laxos en las concesiones que hacen en esta materia.

- Muchos padres temen que al dar un permiso estén exponiendo más a sus hijos a las inseguridades propias de una gran ciudad.
- Los padres se sienten abandonados porque sus hijos ya no hacen planes con ellos, sino con sus amigos. La familia queda prácticamente relegada a un segundo plano.
- Solicitar un permiso indica que los jóvenes ya están adquiriendo autonomía, y sentir que sus hijos se volvieron grandes resulta a veces doloroso para los padres.

Recomendaciones para los padres

- Tengan en cuenta las implicaciones que tiene la solicitud de su hijo para él. Muchas veces comprender el porqué lo quieren hacer facilita dar el permiso.
- Denle a cada permiso la dimensión que le corresponde. Muchos padres suelen armar una tormenta gigante por algo que en realidad no lo amerita. Establezca con sensatez cuáles son las implicaciones reales y serias de cada solicitud.
- Negar los permisos para "proteger" a los hijos no es una buena estrategia. No olvide que la prohibición es atractiva para los jóvenes. Además, es increíble lo recursivos que se vuelven a la hora de buscar la forma de realizar sus propósitos. Los jóvenes son muy hábiles para mentir o para contar verdades a medias, con tal de no preocupar a los padres y lograr un permiso, por ello es mejor no tener que "obligarlos" a que asuman estas actitudes que probablemente terminarán en problemas mayores.
- Los padres no pueden esperar que los hijos crezcan en ambientes cerrados por temor a lo que les pueda ocurrir. Los jóvenes deben aprender a desenvolverse en el medio social en el que viven; esto no implica que los dejen libres para hacer lo que quieran, pero sí es importante tener presente que ellos requieren un espacio para realizar sus actividades.

- Tampoco es bueno dejar que sea el joven quien decida por sí mismo todo. Es verdad que los jóvenes están creciendo, pero aún desconocen muchos peligros que los rodean.
- Una vez tomada la decisión del permiso mantengan las condiciones. Negociarlas permanentemente le da al joven la idea de que siempre puede pedir más.
- Si ya concedieron el permiso, permitan que sea el joven quien resuelva cómo manejarlo. No den tantas instrucciones o recomendaciones.
- No olviden que habrá muchas veces en las que tendrán que ceder y otras en la que sus hijos tendrán que hacerlo.
- Si ya le dieron el permiso a su hijo, no lo estén llamando cada cinco minutos para ver cómo van las cosas. Una llamada es suficiente; no los agobien.

Estrategias para dar permisos

- Escuchar la solicitud de los hijos.
- Analizar todos los pros y contras: hora de llegada, dinero requerido, con quién van, quién los lleva, si usted los recoge, a qué lugar van, si el lugar es seguro y propio para su edad, si va un adulto responsable —cuando se trata de una salida larga—, etc.
- Proponer un acuerdo justo para ambas partes. Siente su posición al respecto, pero también deje que su hijo explique la de él.
- Cumplirlo. El cumplimiento de un primer acuerdo dará pie a otros. Hágale saber al joven que de acuerdo con el nivel de responsabilidad y confianza que demuestre, los permisos pueden ir aumentando o disminuyendo, si es el caso.
- En todo caso, recuerde que quien lleva las riendas del proceso es usted y quien las va soltando también, según el comportamiento del joven. Vaya midiendo la capacidad de su hijo de tomar decisiones y su criterio para hacerlo, esto da una buena

pauta de cuánta libertad se le puede dar. Tenga presente que este proceso de toma de decisiones le permite al joven ser más independiente y sentirse más seguro en el momento de asumir las responsabilidades individuales.

LAS MENTIRAS

Durante la adolescencia los jóvenes mienten básicamente por tres razones: para no revelar detalles que consideran personales y privados, en cuyo caso no se hablará de mentiras, sino de omisiones; para evitar un castigo o conseguir un permiso y como una manera de buscar la aprobación y aceptación de otros compañeros. Cada uno de estos casos es diferente.

Mentir para no revelar información personal

Por lo general la omisión de detalles sobre un asunto o las "verdades a medias" tienen como objetivo proteger la intimidad de los jóvenes. Los padres deben reconocer que sus hijos están creciendo, se están volviendo autónomos y se están independizando, y esto necesariamente les otorga el derecho a su privacidad. Así como usted no les cuenta todos los detalles de su vida privada a sus padres o a sus suegros, los adolescentes tampoco lo hacen. Para los padres es difícil reconocer, aceptar y respetar esto porque creen que es una obligación saber todo sobre sus hijos, pero la verdad es que esto no es así. Los jóvenes se están alejando de sus padres y esto implica celo por su vida privada. Es comprensible que los padres se sientan mal, pero deben aceptar que los hijos no son de su propiedad y hay que dejarlos crecer, con todas las implicaciones que esto conlleva. De manera que el hecho de que ellos no quieran contar todo lo que sucedió en la fiesta de anoche, en el paseo del fin de semana o en la salida con los amigos es comprensible y debe ser respetado. Así como usted usa unos ciertos niveles de protección para su vida privada con otras personas, sus hijos también. Ellos comenzarán a hacerlo en esta etapa y no es que estén aprendiendo a mentir, están aprendiendo a convivir en sociedad.

Mentir para conseguir un permiso o evitar un castigo

Esta es una situación diferente a la anterior. Como ya se ha mencionado, para los jóvenes es importante estar en grupo y salir con sus amigos. Tanto, que harán lo que sea para lograrlo. Como saben que muchas cosas no serán del agrado de sus padres, prefieren mentir o "inventar" algunas circunstancias con tal de obtener un permiso. Por eso dirán que van a tal lugar y no a otro, o que irán con fulanito cuando en realidad es otra persona quien los acompaña, etc. Lo ideal es que esto no tenga que presentarse, pero no es fácil que dos generaciones que piensan tan diferente concilien en todo. Sería estupendo que los jóvenes sintieran la suficiente confianza con sus padres para poder confiarles siempre lo que van a hacer y con quién, pero esto es difícil en muchos casos. Quizás una actitud más abierta y comprensiva de los padres pueda motivar una relación más veraz, pero esto tampoco garantiza que vaya a suceder así.

El otro aspecto, mentir para evitar castigos, es propio de los niños y algunos rezagos de esto quedarán aún en los jóvenes. Esta actitud debe pasar pronto, con los años. No obstante, siempre es bueno enfrentar el asunto en cuestión mediante el diálogo. También es conveniente revisar su forma de corregirlo, para que esta no lo lleve a mentir para defenderse.

Mentir para buscar la aprobación y aceptación de otros compañeros

Hay algunos adolescentes que en su afán de pertenecer a un grupo inventan historias como una manera de hacerse reconocer por otros. Un adolescente ya no debería contar fantasías como si fueran verdad, esto es propio de los niños, pero si esto es recurrente en jóvenes de 15 o 16 años, hay que prestarle atención. Puede que el joven tenga una muy baja autoestima y un pobre concepto propio, y que mentir sea la manera de sobrellevar esta situación. Hay formas de desarrollar las habilidades sociales en una persona para que no tenga que recurrir a las mentiras. En estos casos es importante saber qué motiva a los jóvenes a mentir para ayudarlos a superar esas circunstancias. En estos casos es recomendable buscar ayuda profesional con un psicólogo.

¿Por qué surge el conflicto con los padres?

- Los padres se sienten defraudados cuando descubren que sus hijos han mentido. Sienten que su confianza ha sido violada.
- Los padres sienten temor de que sus hijos corran riesgos al mentir. Por ejemplo, cuando dicen ir a un lugar, pero salen hacia otro.

¿Qué deben hacer los padres?

- Cuando se trata de una omisión de detalles sobre algo, reconozca cuándo el joven lo ha hecho para proteger su intimidad y cuándo realmente es una mentira. En el primer caso sea respetuoso.
- Cuando descubra una mentira, antes de dejarse llevar por la ira o la furia, cálmese y dialogue con su hijo. Busque siempre los motivos que lo llevaron a mentir. Muchos adolescentes aún no saben medir las consecuencias de decir una mentira.
- Muchas veces no habrá que darle tanta atención al asunto, es parte de la adolescencia tratar de desprenderse de los padres y ello va a justificar incluso el mentir.
- Una respuesta desmedida puede romper completamente la confianza entre usted y su hijo, y lo más probable es que ellos

nunca vuelvan a decir la verdad. Evidentemente, no es grato descubrir que le han mentido, pero se puede controlar la reacción.

- Si las mentiras son recurrentes y muy graves, el problema no son ellas en sí mismas, sino lo que están encubriendo. Por ello, hay que buscar pronto su origen. Por ejemplo, puede tratarse de un caso de drogas, alcohol o grupos de presión, entre otras causas.

LENGUAJE (JERGAS Y GROSERÍAS)

Los adolescentes están construyendo y definiendo su identidad. En este proceso buscan modelos para imitar que, como ya se mencionó, van desde la imagen hasta la manera de hablar. Los modelos más cercanos son los que imponen sus amigos y compañeros, por eso es normal que un grupo de jóvenes hable la misma jerga. También lo hacen como una manera de proteger sus secretos y de mantenerse alejados de la comprensión de otros; es lo mismo que establecer códigos secretos.

Hablar de cierta manera también les da reconocimiento frente a otros. Muchos creen que usando ciertas palabras o groserías se ven mayores, lo que consideran una ventaja frente a otros.

No es ajeno a esto el hecho de que los lenguajes evolucionan con el tiempo. Palabras que estaban de moda hace diez años seguramente ya no se usan, y es lógico, el lenguaje también se transforma, cambia y se acomoda a las circunstancias de cada época. Hoy, por ejemplo, los jóvenes manejan muchos términos propios de la tecnología moderna que no les tocaron a sus padres. Entonces, además de los términos de moda propios de una nueva generación, están aquellos netamente vinculados con la vida circundante que van dejando de lado a muchos padres. Es normal escuchar a padres que dicen que como ellos no entienden nada de nuevas tecnologías, tampoco logran comprender mucho la manera de hablar de sus hijos. Esto es normal y lógico. Palabras como *tuitear*, *inbox*, *text me*, *chat*, etc., son prácticamente nuevas y desconocidas para muchas generaciones anteriores. No se preocupe, les pasa a muchos padres. Seguramente también les pasó a los suyos en su momento.

¿Por qué surge el conflicto con los padres?

- Los padres se molestan por el mal uso que los hijos dan al lenguaje.
- Los padres se sienten mal al no comprender todas las palabras que usan sus hijos y sienten que esto los separa.
- Muchos jóvenes creen que la edad les da derecho a usar groserías o a ser irrespetuosos con sus padres.

¿Qué pueden hacer los padres?

- Las jergas y el uso de términos de moda pasa con la adolescencia, de manera que no le dé mucha importancia a esto. Muchos tipos de lenguaje están relacionados con los grupos que frecuentan los jóvenes, no necesariamente con ellos como tal.
- Las groserías y el irrespeto no deben tolerarse. Si los jóvenes creen que la edad les da derecho a ser groseros, están equivocados, y los padres deben hacérselo saber.
- Muéstreles a los jóvenes que su forma de expresarse dice muchas más cosas de ellos que las palabras en sí. Por ejemplo, expresan la clase social, los estudios, los círculos en los que se mueven, etc.
- La manera como se les habla a los jóvenes, el tono de voz que se usa, el vocabulario y las implicaciones afectivas en el lenguaje también influyen en el modo de expresarse de los hijos, por ello revise su manera de hacerlo.

Los modales

Los modales son las formas de comportamiento que las personas ostentan en los ámbitos sociales. Estos hacen evidente la educación, la clase social, la cultura, etc. de un individuo.

Durante la adolescencia es normal que los jóvenes dejen de lado los modales que aprendieron en la casa para asumir temporalmente los del grupo de amigos con los que andan. En su búsqueda de identidad van a ajustar sus comportamientos para ser aceptados y sentirse miembros de algo. Quizás en casa aún hagan gala de algunos modales familiares, pero lo más seguro es que en los círculos externos a la familia se comporten diferente. Casi podrá decirse que se trata de dos personas: una, la que convive en casa, y otra, la que se desenvuelve por fuera con sus iguales.

Otros también quebrantarán las reglas solo por el deseo de hacerlo. La rebeldía se hace manifiesta en este tipo de comportamientos. Romper lo establecido se les vuelve un deleite, de ahí que muchos decidan comportarse a su manera. La irreverencia se vuelve entonces el pan de cada día, junto con el hecho de llamar la atención o promover un escándalo, y qué mejor manera de hacerlo que extralimitándose en lo más cotidiano: los modales.

Recuerde también que esta es una etapa donde los jóvenes están cuestionando todas las reglas que los rodean. Por ello, también ponen en tela de juicio los modales establecidos por la sociedad, ya que consideran que muchos de ellos son ridículos.

¿Por qué surge el conflicto con los padres?

* A veces el comportamiento de los jóvenes cambia tanto que los padres quedan sorprendidos de su manera de actuar. No parece que fueran los mismos hijos, ya que aparentemente simulan no haber aprendido nada en casa.

- Los malos modales cuestionan frente a otros los modelos educativos de los padres.
- Los comportamientos inadecuados se viven como una afrenta personal.

¿Qué pueden hacer los padres?

- No pierda la calma porque esto inmediatamente va a generar más resistencia en el joven. Es decir, cuanta más ira le dé a usted el mal comportamiento de su hijo, más motivado se sentirá él a seguir haciéndolo.
- Si sabe que esta época es crítica y que un reclamo puede terminar en una pelea descomunal, trate solo de exigir los modales básicos y necesarios para una buena convivencia. Hay otras cosas que se pueden negociar, como los protocolos muy estrictos (obviarlos un poco no es tan grave).
- Ser un poco más abierto no significa necesariamente tolerar la mala educación o la grosería.
- Tenga presente que estos comportamientos son temporales. Los jóvenes, a medida que van creciendo, los van dejando de lado y van adoptando de nuevo los patrones generales de la sociedad. De manera que tampoco le dé tanta trascendencia al asunto.
- Haga acuerdos sobre algunos comportamientos básicos y tenga una actitud flexible frente a los otros.
- En todo caso, no deje nunca de dar un buen ejemplo. Todos los modelos se imitan, y de vez en cuando tampoco sobra una llamada de atención.

MANEJO DEL DINERO

Evidentemente la independencia que comienzan a requerir los jóvenes en esta etapa necesitará dinero. No obstante, los padres deben ayudarlos a establecer criterios de uso y manejo del dinero, porque es muy normal que ellos se dejen llevar por las presiones de la moda, los amigos, la fiesta, etc. Con tal de pertenecer a un grupo, de sentirse parte de él, de ser admirado por otros o de buscar aceptación, un adolescente puede llegar a gastar mucho dinero y a exigírselo a los padres para suplir sus "necesidades".

Aquí entran en juego los padres. Es importante que los jóvenes entiendan y tengan claro que no por las apariencias, la ropa, el carro o lo que consuman van a ser más o menos y van a tener mayor o menor número de amigos. Es muy importante que los padres refuercen en esos momentos los valores y principios de la autoestima, las relaciones, etc., porque la presión externa puede ser muy fuerte para los jóvenes. Además, recuerde que ellos comienzan a darles mucha importancia a cosas vanas, como la moda, de manera que adquirir o no un nuevo pantalón puede tomar una dimensión exorbitante.

Los padres deben guiar a los hijos en el proceso de comprender cuáles gastos valen la pena y cuáles no. Hay que enseñarles a tener en cuenta varias opciones del mercado, no solo la que la moda impone, y mostrarles que puede haber alternativas.

Los jóvenes sí van a necesitar dinero y es adecuado facilitárselo, pero imponiendo unas reglas de gastos y unas condiciones de uso. Por ende, ayúdelos a crear un buen criterio de manejo del dinero. Es la mejor etapa para hacerlo.

¿Por qué surge el conflicto con los padres?

- Los padres se molestan porque saben que sus hijos no conocen el valor del dinero y por ello exigen tanto o lo desperdician.
- A los padres les parecen una locura las prioridades de gastos que establecen los jóvenes: ropa, fiesta, celulares, salidas, etc.
- Los adolescentes tampoco saben el valor del ahorro.
- Los jóvenes, por su parte, sienten que si sus padres no les dan dinero es porque no les interesan sus necesidades, o porque son avaros y solo piensan en ellos.

¿Qué pueden hacer los padres?

- Los padres, evidentemente, tienen la responsabilidad de proveer para las necesidades de los jóvenes. Sin embargo, no están en la obligación de satisfacer todos sus caprichos.
- En cuanto a los gastos, se puede llegar a una negociación. Por ejemplo, si es el momento de comprarles ropa, trate de que sea a gusto de ellos.
- Establezca una mensualidad justa. El contexto social y lo que les dan a sus compañeros puede ser un parámetro para designar la suma que se debe dar. Ellos deben aprender a administrarla durante el mes. Cuando no lo saben hacer, ellos deben responder por las consecuencias, pero no les dé más dinero hasta el nuevo mes. Los primeros meses usted puede exigirles un control de gastos para saber en qué gastaron el dinero. Con base en este, puede aumentar o disminuir la suma mensual, de acuerdo con la responsabilidad que hayan demostrado. Esta es una buena táctica para que ellos vayan aprendiendo a manejar su dinero.
- De ninguna manera el dinero debe reemplazar a los padres, este nunca es equiparable al cariño paternal. Hoy es muy común que padres muy ocupados desplacen sus responsabilidades de tiempo y atención dándoles grandes sumas de dinero a los hijos o satisfaciendo todos sus caprichos. Esto genera muchos problemas al joven y no es nada recomendable.
- Hay varios trabajos que los jóvenes pueden realizar durante las vacaciones. Esta opción les enseña el valor de las cosas, la responsabilidad laboral y el uso del dinero.
- Propóngales abrir una cuenta de ahorros. Esto fomentará en ellos este hábito.
- El manejo y uso del dinero también se aprende mediante ejemplo. Lo que los jóvenes ven hacer a sus padres, ciertamente lo imitarán.

Uso del carro de los padres o del carro propio

Para los jóvenes el carro es un símbolo de libertad e independencia y también una forma de llamar la atención de otros chicos, más si son hombres. Poder conducir les permite ir a cualquier lugar y no tener que depender de los padres para su traslado. Por eso, a partir de ahora va a ser normal que pidan a sus padres el carro prestado o que soliciten uno.

Antes de regalar o prestar el carro, los padres deben asegurarse de que el joven comprende las implicaciones que tiene conducir mal, a alta velocidad o de manera irresponsable. Conducir no es un chiste, no da estatus o poder. Es un medio de transporte más que puede facilitar mucho las cosas, pero que también puede desencadenar muchas desgracias. Lastimosamente, hay un índice considerable de accidentes de tránsito por exceso de velocidad o por conductores ebrios que en su mayoría son adolescentes.

Los padres son los únicos que deben considerar si sus hijos están o no preparados para manejar sus carros o para tener uno. Aparte de las consideraciones respecto a si son o no lo suficientemente responsables, deben pensar en los costos que esto implica: gasolina, parqueaderos, seguros y mantenimiento de otro auto, y quién va a responder por ello.

Independientemente de que los jóvenes vayan o no a tener carro, sí es bueno que aprendan a conducir, ya que más que una moda, puede ser de ayuda en un momento dado.

¿Por qué surge el conflicto con los padres?

- Porque los jóvenes casi nunca regresan el carro a la hora que lo han prometido.
- A muchos adolescentes les gusta correr en el carro, lo que puede ocasionar graves accidentes tanto para ellos como para los demás.

- Los padres temen que los hijos conduzcan embriagados.
- Los padres desconfían del cuidado que los jóvenes den a su carro.

¿Qué pueden hacer los padres?

- Cuando el joven cumpla la edad exigida por la ley para poder conducir, puede matricularlo en una academia de conducción. Es importante que aprendan a manejar bien, que conozcan las leyes de tránsito y también algo de mecánica.
- Es importante que el joven obtenga su licencia de conducir.
- Nunca les preste el carro mientras sean menores de edad y no tengan licencia de conducir. Un accidente en estas circunstancias puede traer consecuencias muy graves.
- Si a los jóvenes les imponen una multa de tránsito, ellos deben pagarla. Esto es una manera de responsabilizarlos por sus actos.
- Si les va a prestar el carro, asegúrese de que sabe adónde van, si hay parqueadero y si es seguro. Pídales que llamen cuando lleguen, para asegurarse de que llegaron bien.
- No les permita recoger a extraños.
- Prevéngalos sobre los posibles peligros que puede tener conducir a determinadas horas y en determinados lugares.
- Imponga reglas de uso y manejo del carro: horarios, gasolina, etc., y verifique que se cumplan.
- Explíqueles a sus hijos cuáles son los documentos del carro, dónde están, cuáles solicitan las autoridades en un retén y qué hacer en caso de accidente o en una varada.
- Muéstreles todos los implementos que las autoridades exigen dentro del carro: herramientas, señales de alarma, extintor, botiquín, etc.; indíqueles dónde se encuentran y para qué sirven.
- Deles algunas nociones básicas de mecánica: cómo cambiar una llanta, cómo echarle agua al carro, revisar el aceite, etc.
- No debe admitirse que usen el carro sin permiso; es una violación grave y peligrosa.

- Aunque los jóvenes tengan su carro, debe seguir habiendo un horario de llegadas y salidas.

PRIVACIDAD: MI ESPACIO, TU ESPACIO

Durante la adolescencia los jóvenes se tornan más celosos de su espacio y su privacidad, por un lado, y, por el otro, quieren pasar mucho tiempo con sus amigos. Por estas razones surgen situaciones como los encierros totales en sus cuartos o una avalancha de amigos en casa.

Aunque es indispensable que los jóvenes tengan su espacio —porque la falta de privacidad puede ser especialmente problemática para ellos, que quieren sentirse independientes, controlar sus cosas y compartir tiempo en casa con sus amigos—, deben saber que hay ciertas reglas de convivencia que deben mantenerse. En la medida en que las cumplan, podrán mantener su espacio y tener la oportunidad de invitar a sus amigos.

También es cierto que la continua invasión por parte de otros a sus espacios, especialmente los hermanos menores, los hace sentir como si nada fuera de ellos. Por eso, sí es importante ayudarlos a tener su lugar y respetárselo.

¿Por qué surge el conflicto con los padres?

- Los jóvenes se encierran por horas en su cuarto y los padres piensan que pueden estar haciendo "cosas malas" allí dentro.
- Los jóvenes se encierran con sus amigos en sus cuartos.
- Los adolescentes "se toman" la casa con sus amigos, acaban con el mercado y dejan todo desordenado.
- Los amigos de los jóvenes se quedan hasta altas horas de la madrugada.
- Los hijos ponen la música a todo volumen.

¿Qué pueden hacer los padres?

- Establezca límites y reglas de convivencia para toda la casa. Aunque cada uno tenga su cuarto, en todo el hogar deben primar las reglas comunales de orden, aseo, respeto, etc.
- En la medida en que los jóvenes estén dispuestos a aceptar las reglas, también podrán negociarse otras.
- El cuarto de su hijo es de él. Permítale decorarlo como él quiera. No esculque las cosas de sus hijos. Hay unos límites entre ser padres y violar la intimidad de los jóvenes.
- Las reglas deben ser respetadas por todos los miembros de la casa y por los amigos de sus hijos que la visitan. Por ejemplo, si usted ha dispuesto horas de salida y llegada, los amigos de sus hijos deben aceptarlas también, así como horas de llamadas, consumo o no de alcohol, cigarrillo, etc.
- Cuando los padres conocen a sus hijos y se han esforzado por establecer relaciones donde prima el respeto, la confianza y la honestidad, es más fácil establecer los límites e ir ampliándolos cada vez más. La privacidad, entonces, está muy ligada con el conocimiento que los padres tengan de sus hijos.

¿Qué quieren los adolescentes?

- Tener su espacio
- Poder cerrar la puerta
- Poder poner su música
- Que nadie entre a su cuarto sin su consentimiento
- Que no usen sus cosas

VACACIONES

A los adolescentes ya no les gusta salir de vacaciones con sus padres, menos aún si lo pueden hacer con sus amigos. Recuerde que en este momento priman los amigos y los grupos. De manera que cuando llega el tiempo de vacaciones o el verano puede haber una pelea monumental porque ellos querrán irse con sus amigos, no con su familia, pero, eso sí, usualmente con el dinero de los padres.

Es comprensible que los jóvenes quieran estar con sus amigos antes que con su familia. Las vacaciones son una época en la que pueden estar tranquilos de responsabilidades académicas y, por qué no, compartirla con sus iguales. Si hay algo que les dé mucha ilusión es precisamente eso.

Si usted cree que su hijo es lo suficientemente responsable como para poder viajar con sus amigos, permítaselo. Fije unas reglas de comportamiento y comunicación que deberán cumplirse, dejando claro que estos van a ser los futuros determinantes de otros permisos. Empiece a confiar en ellos en salidas cortas, de un fin de semana, por ejemplo, y vaya viendo qué tanto puede permitir y qué no.

Para que todo el gasto no salga de su bolsillo, dígales que aporten un porcentaje de sus ahorros a sus vacaciones. Esto es un gran motivante para promover este hábito.

¿Por qué surge el conflicto con los padres?

- Porque los padres sienten que la familia se acabó. Ya no pasan tiempo juntos y hay una digresión total de sus miembros.
- Porque no saben qué puedan hacer sus hijos sin la presencia y supervisión de ellos.
- Porque temen que a sus hijos les vaya a pasar algo grave y que ellos no estén allí para asistirlos.

¿Qué pueden hacer los padres?

- No asumir que la familia se acabó. La adolescencia es temporal y sus hijos sí los quieren, solo que no quieren pasar tanto tiempo con ustedes. Es normal, comprensible y si se puede fomentar poco a poco, es una buena manera de hacerlos responsables de sí mismos.

- Hagan planes conjuntos que también tengan en cuenta las necesidades de los hijos. Estos se pueden negociar para promover que la familia siga disfrutando de pasar vacaciones juntos. También es cierto que algunas veces los adolescentes deberán acoplarse a lo que los padres decidan o lo que han hecho tradicionalmente este tiempo.

- Si los jóvenes tienen la posibilidad de pasar unas vacaciones agradables con sus amigos y cree que son lo suficientemente responsables, déjelos ir. Pídales que se mantengan en contacto cada tanto y tranquilícese. Son más los jóvenes que responden de manera adecuada a este tipo de permisos que los que terminan haciendo locuras.

- Pídales a sus hijos que le dejen los números telefónicos del sitio donde estarán, y que le expliquen con quiénes irán, dónde queda, cómo se irá, etc., así usted estará más tranquilo.

- Si ellos deciden no acompañarlos en sus vacaciones, déjeles los números telefónicos de donde van a estar, pídale a algún familiar que ocasionalmente los visite o los llame, y que esté disponible en caso de cualquier emergencia para asistirlos.

- Para muchos jóvenes el hecho de que los dejen salir de vacaciones con sus amigos o, por el contrario, quedarse en casa y no ir con los padres es un gran acto de confianza de sus padres hacia ellos que no querrán estropear, de manera que la gran mayoría responde bien a estos permisos.

EL ASPECTO RELIGIOSO

Es muy normal que en esta etapa los adolescentes decidan negarse a ir a la iglesia cuando los padres son muy religiosos. Incluso podrán empezar a decir que son ateos y que Dios no existe. No se alarme, recuerde que ellos están poniendo en tela de juicio todo lo establecido por los padres y cuestionando lo que los rodea.

En estos casos muchos padres acuden a los sacerdotes o ministros para hacer entrar en razón a sus hijos, lo que seguramente no toman bien los jóvenes. Un sermón moral quizás aliente más la rebeldía que la entrada en sensatez.

También puede darse el caso de que el joven decida cambiar de religión; esto suele suceder. Los padres normalmente lo sienten como si sus hijos rechazaran sus valores y lo que es importante para ellos. Sin embargo, esto hace parte de la búsqueda de identidad, y si ellos lo asumen de manera seria y responsable, no es cuestionable y debe respetarse su nueva opción.

Otro caso que suele darse es que si los padres son ateos, los hijos decidan adherirse a algún dogma con un fervor desconocido hasta entonces por sus familiares. En cuestiones de religión e ideologías es muy importante ser respetuoso y tolerante. Tanto padres como hijos deben estar al tanto de esto.

¿Por qué surge el conflicto con los padres?

- Cuando los padres son muy creyentes o siguen un dogma es muy doloroso ver a sus hijos alejados de este camino. Piensan que de nada sirvieron los principios y valores que les inculcaron a sus hijos.
- El comportamiento del hijo lleva a los padres a tomar distancia del joven para no entrar en polémicas.
- Los hijos se adhieren a grupos religiosos y confrontan las posturas no creyentes de los padres.

¿Qué pueden hacer los padres?

- Esperar con paciencia a que pase esta etapa. Cuando los valores religiosos son firmes, lo más normal es que los jóvenes vuelvan a ellos.

- Hablar con sus hijos y hacerles saber cómo se sienten al respecto y qué esperan de ellos en este ámbito.
- No excluir o demeritar al joven por el hecho de creer o practicar una religión, cuando los padres no son creyentes.
- Informar a sus hijos sobre los diferentes dogmas que existen.
- Si usted es creyente, ore por sus hijos. Sea consecuente con su fe y espere que las cosas cambien.
- Busque grupos de jóvenes de su religión. Son una buena alternativa para que los adolescentes compartan su dogma con sus iguales.

IRSE DE LA CASA

Cuando uno de los hijos se va de casa, necesariamente toda la familia se afecta, ya sea que esta decisión sea compartida entre todos o no. La ida implica un rompimiento y un cambio en la dinámica de las relaciones internas e incluso de muchas relaciones externas. La persona que se va también sufre los cambios que la transformación implica.

Un adolescente puede decidir irse de casa por diversas razones, y cada una amerita una reacción diferente de los padres. No obstante, es común que muchos deseen hacerlo impulsados por ese gran deseo de independencia que caracteriza la etapa que viven. Aunque muchos adolescentes manifiesten su deseo de irse, no todos lo harán realidad porque muy en su interior aún quieren estar al lado de sus padres. De manera que muchas "amenazas" de dejar el hogar no pasan de ser más que habladurías.

Algunos motivos para dejar el hogar

Por realización personal

Varios jóvenes salen de casa para ingresar a la universidad o hacer cursos de idiomas, ya sea en el mismo país o en otro. Cuando es por esta causa, la familia lo asume como algo indispensable que no necesariamente está rompiendo el círculo familiar, ya que cada tanto tiempo podrán verse y porque los hijos saben que aún cuentan con todo el apoyo de los padres. Este tipo de separaciones, por lo general, fortalecen más los vínculos entre padres e hijos, así como la comunicación entre ellos.

Por problemas internos de la familia

Son muchos los jóvenes que se ven abocados a dejar su casa porque hay problemas de violencia doméstica o abusos psicológicos, físicos o sexuales. En estos casos el rompimiento de las relaciones es inevitable, dadas las circunstancias. La decisión responde a una medida desesperada, donde los eventos lo obligan a realizarlo. En estos casos los jóvenes tienen que afrontar no solo el hecho de irse, sino adónde y cómo van a sobrevivir. Es diferente si alguien los acoge y los ayuda, a si tiene que quedarse en la calle sin dinero y sin trabajo. Lastimosamente, los índices de jóvenes que huyen de sus hogares por razones de este tipo van en aumento. Dado que muchos no están en capacidad de encontrar una manera de sobrevivir, terminan en la calle, en pandillas o en grupos armados ilegales que les ofrecen un sueldo y comida a cambio. En estos casos los jóvenes rompen todo nexo con sus familiares, lo que tiene un impacto negativo para todos los miembros de la familia. También es posible que como una medida de olvido muchos caigan en la droga o el alcohol y otros en la prostitución, como una manera de resolver su situación económica.

Por desavenencias con los padres

Es común que en esta etapa muchos jóvenes también decidan irse porque no se la llevan bien con sus padres. Muchos prefieren salir y buscar un trabajo a seguir viviendo en casa. Incluso hay quienes pueden irse a vivir con amigos en las mismas circunstancias. Estos casos no son tan críticos como los anteriores. De hecho, hay ocasiones en que los padres llegan a un acuerdo con sus hijos, por ejemplo, seguir pagando los estudios, mientras que los jóvenes pagan su sostenimiento, y las relaciones se mantienen aun viviendo en lugares diferentes. Si este tipo de tratos facilita la convivencia en familia, son completamente aceptables y respetables. Es posible, como sucede muchas veces, que la distancia mejore notablemente las relaciones entre padres e hijos.

Por motivos económicos

En muchas familias la situación económica obliga a que sus hijos se tengan que ir a vivir a otros lugares. En estos casos son las circunstancias de fuerza mayor las que obligan al joven a tomar la decisión. Sin embargo, esto no quiere decir que los vínculos afectivos deban romperse. Aun teniendo que dividir a la familia, es importante mantenerse en contacto y apoyarse mutuamente para salir adelante.

¿Qué hacer cuando un hijo quiere irse de casa?

- Es importante analizar las circunstancias que se están viviendo en el hogar. Si se pueden solucionar, hay que hacerlo.
- Hablen con el joven para conocer sus puntos de vista, opiniones, necesidades y lo que lo está aquejando.
- Las dinámicas familiares se dan por la participación de todos los miembros, no de uno solo. De manera que el papel que cada uno está desempeñando debe revisarse.
- Buscar ayuda profesional. Cuando las cosas se salen de las manos de los padres, es aconsejable acudir a terceros que puedan servir de mediadores y aportar una nueva perspectiva a la situación.

- También puede ser útil pedir ayuda a los maestros, amigos o compañeros de actividades de los hijos para comprender mejor al hijo.

¿Cómo apoyarlos cuando se van?

- Irse de casa necesariamente va a traer cambios en la vida de los jóvenes. Ayúdelos a prever el tipo de cambios que van a vivir para que los puedan sobrellevar mejor.
- Manténgase en constante comunicación con ellos para que no se sientan solos.
- Déjelos que vivan su vida, pero esté dispuesto a ayudar cuando se lo pidan.

VIOLENCIA INTRAFAMILIAR

Se entiende por violencia intrafamiliar todo abuso de poder de un miembro de la familia que atente contra la integridad física o psicológica de otro. Asimismo, el abuso se concibe como cualquier situación que ponga en peligro la salud física o mental y el desarrollo de alguno o varios de sus miembros. Puede haber abuso físico, emocional, sexual o por negligencia.

Por lo general, son los padres quienes ejercen los actos de violencia contra los demás miembros del hogar, aunque a veces también se extiende a hermanos mayores. En estos casos, las relaciones internas están regidas por la imposición de la fuerza y la violencia. Las víctimas casi siempre están en desventaja frente al poder del agresor, lo que precisamente promueve la situación. Lastimosamente no siempre las víctimas o los victimarios reconocen su situación porque consideran normales las relaciones establecidas de esta manera. Por ello, no denuncian a las autoridades lo que sucede. Hoy son muchos los hogares en los cuales se ejerce la violencia de manera silenciosa y resignada, y se "acepta" este tipo de prácticas.

Por lo general, las personas que tienden a abusar de otras ostentan una baja autoestima y por ello recurren a la violencia para imponerse, abusan de drogas o alcohol, vivieron historias familiares de violencia de donde copiaron los esquemas, tienen muy poca capacidad para resolver los conflictos, suelen eludir sus responsabilidades y culpar siempre a otros por los problemas, justifican sus acciones echándoles la culpa a los demás (lo que muchas veces convence a sus víctimas y las lleva a no denunciarlos) y son asociales. También, los agresores suelen proyectar a la sociedad una imagen familiar diferente a la real.

¿Qué consecuencias tiene el abuso intrafamiliar para los adolescentes?

- Baja autoestima
- Retraimiento
- Se marginan de la sociedad
- Poca concentración y cambios en las labores académicas
- Depresión
- Carácter violento; aprenden y copian los esquemas y repiten los estereotipos en futuras relaciones
- Ira
- Alteraciones en los hábitos de alimentación y de sueño
- Suicidio

¿Qué pueden hacer los padres?

- Los padres deben revisar sus actuaciones, ya que lo que están enseñando a sus hijos es que la violencia y cualquier abuso son válidos en una relación afectiva. El modelo que los padres dan en el hogar es el mismo que los hijos van a consolidar en sus relaciones personales futuras.

- De ninguna manera un padre debe quedarse callado cuando el otro abusa de uno de sus hijos. El silencio apoya el delito.
- Es importante buscar ayuda profesional, a pesar de las presiones y las cargas afectivas.
- Hay que denunciar los casos de abuso y maltrato físico y psicológico a las autoridades competentes y colaborar con ellas para mejorar las cosas.

V. Los adolescentes y el colegio

Desempeño escolar

La adolescencia coincide con los últimos años de colegio y los primeros de universidad, lo que generalmente preocupa a los padres porque no saben si el rendimiento académico de sus hijos se va a alterar o no con la "aparición" de sus nuevos intereses. La gran pregunta que se hacen es cómo seguir exigiendo resultados a un joven rebelde, más aún cuando de ello depende el ingreso a la universidad.

Una de las pocas responsabilidades que el joven tiene en esta etapa es estudiar, de manera que debe hacerlo bien, ya que de ello dependen muchas otras oportunidades en la vida. Por eso es importante que los padres sepan comunicarles a sus hijos cuáles son las prioridades por encima de todo: amigos, rumba, paseos, relaciones sentimentales, etc.

Así sea muy difícil, hay que seguir imponiendo límites claros en el área académica. La forma de hacerlo es la que debe cambiar un poco para lograr la atención de los jóvenes.

Muchos padres se desentienden del desarrollo académico de sus hijos cuando estos llegan a la adolescencia, pero es vital que los jóvenes sigan sintiendo que los padres están presentes y al tanto del proceso educativo. Esto implica que hay que mantenerse informado y enterado de lo que ocurre en el colegio y con el desempeño académico del joven. A pesar de la edad de sus hijos, los padres deben permanecer en contacto con los profesores, las actividades del colegio, revisar las calificaciones de cada periodo, y según estas, tomar medidas cuando se presentan bajas en el nivel académico. En esta área es quizás en la que más hay que seguir con la guardia en alto, porque si un joven está bien encarrilado en el colegio y con sus estudios, lo más seguro es que se mantenga al margen de muchas actividades que le quitan tiempo como las fiestas, el exceso de salidas y otro tipo de cosas que pueden terminar en problemas.

Esperar que les vaya bien y tener fe en la capacidad del joven para poner a funcionar todos sus recursos intelectuales debe ser la actitud de los padres. Este interés por la situación escolar de los hijos debe incluir también el hecho de que los padres continúen manifestando sus preocupaciones, así como su apoyo, mediante el diálogo abierto entre ambas partes.

Algunos factores que provocan la disminución del rendimiento académico

- La situación familiar: tensión entre padres e hijos por la etapa que se vive.
- La relación con compañeros y profesores.
- El poco apoyo recibido en casa.
- La baja autoestima o sentirse mal consigo mismos.
- Las nuevas exigencias en las relaciones sociales, que resultan abrumadoras y acaparan más atención de la debida.
- Una relación sentimental o su culminación.
- Las expectativas de ser aceptado o no por otros, sobre todo del sexo opuesto.
- Muchas veces las exigencias académicas sobrepasan las capacidades y habilidades de los jóvenes. Esto no solo afecta su

desempeño de manera negativa, sino que también les genera mucho estrés.

La importancia de la autoestima en el área académica

Por lo general, las personas obtienen sus logros de acuerdo con lo que creen que son capaces. Un joven que se siente bien consigo mismo y que sabe que tiene las habilidades necesarias para desempeñarse de manera adecuada en una materia, por lo general obtiene lo que busca, a pesar de los fracasos.

Por su parte, quien se siente mal consigo mismo relaciona los buenos resultados con la suerte, y el mal desempeño, con sus incompetencias y su incapacidad para hacer las cosas bien. Desde esta perspectiva, una autoestima fuerte es determinante para alcanzar y mantener un buen desempeño escolar.

Otro aspecto que afecta es el hecho de que los adolescentes se clasifiquen entre ellos: los vagos, los intelectuales, los *nerds*, etc. Estos calificativos siempre conmueven la autoestima de quien los recibe, porque hay una relación directa entre la imagen que el adolescente proyecta ante sus compañeros y lo que quiere alcanzar con esta o el tipo de relación que puede establecer gracias a ella. Muchas veces la imagen que proyectan no es la misma que perciben los demás, lo que necesariamente perjudica la manera como se relacionan con los otros. La aceptación o no entre los compañeros también estropea los resultados en el ámbito escolar. Muchos jóvenes que no se sienten parte del grupo no dan los mejores resultados académicos. Recuerde que ahora tienen mayor importancia los amigos que las calificaciones.

¿Por qué surge el conflicto con los padres?

• Los hijos comienzan a dedicarles más tiempo a los amigos, la fiesta y los noviazgos.

solo les interesa lo inmediato, por ello muéstreles que el desempeño académico de hoy sí tiene consecuencias posteriores.
- Ayudarlos a manejar el tiempo de manera efectiva para que puedan responder a sus responsabilidades escolares, sin tener que dejar de lado las relaciones sociales y la práctica de sus aficiones.

VIDA SOCIAL EN EL COLEGIO

El colegio es el lugar donde los adolescentes pasan la mayor parte del tiempo. Es allí donde conocen a la mayoría de sus amigos y donde empiezan a formarse una idea de cómo son las personas y los distintos tipos de relaciones que se pueden establecer. Es normal que en el colegio se formen grupos, que además pueden cambiar de integrantes con los años. A través de ellos los jóvenes sienten respaldo, apoyo, solidaridad y pertenencia. Los amigos los hacen sentir importantes y, basándose en sus relaciones con los demás dentro de este, van encontrando su identidad. Por lo general, en los colegios suelen unirse los jóvenes con los mismos intereses académicos, con el mismo nivel intelectual o con intereses extra-curriculares comunes, es decir, es normal encontrar en un mismo grupo a los "*nerds*"; en otro, a los "malos" estudiantes; en otro, a los "populares"; en otro, a los "rechazados", etc. Por lo tanto, el tener algo en común con sus compañeros de clase, ya sea positivo o negativo, es indispensable.

Los grupos definitivamente tienen impacto en el desempeño académico de los jóvenes. Cuando un joven siente que pertenece a un grupo, está feliz con sus amigos, se siente apoyado y respetado por ellos, seguramente sus resultados académicos lo demostrarán. Asimismo, hay muchos otros jóvenes que a pesar de ser muy brillantes no logran encajar en un grupo y su descontento se refleja en sus logros escolares.

- Cuáles son los pros y contras de pertenecer a un grupo o de realizar una actividad en particular.
- Cuáles son las habilidades que los adolescentes creen tener y en qué tipo de actividades pueden desarrollarlas.
- Qué buscan en sus amigos.

Cómo identificar a los amigos

- Están interesados en su bienestar sin esperar nada a cambio.
- Se apoyan y respetan a pesar de las diferencias.
- Toleran que cada uno desarrolle sus propias habilidades, así sean muy diferentes de las propias.
- Se interesan por la otra persona.
- Prima la honestidad y la confianza.
- Comparten la alegría de logros obtenidos.
- Tienen la capacidad de perdonarse cuando se equivocan.

¿Qué hacer cuando un joven tiene problemas para vincularse con personas nuevas?

- Los jóvenes deben definir cuáles son las personas a quienes quieren conocer, antes de acercarse a todo el mundo. Ayúdelos a establecer unos criterios según sus intereses y gustos.
- Promuévales que realicen actividades nuevas diferentes a las que siempre realizan.
- Revise los modales de su hijo, puede que estos no sean los más apropiados para entablar relaciones con otros. Aspectos como si habla mucho o no, si usa un lenguaje pertinente, si sus posturas también son las adecuadas, etc., son importantes y se deben tener en cuenta.
- Ayúdelos a identificar las mejores circunstancias para acercarse a conocer a otras personas; por ejemplo, un evento deportivo en el colegio, una fiesta, el bazar, etc.

- Dígales que se tomen el tiempo necesario para conocer a los otros, muchas veces del afán no surgen buenas relaciones.
- Adviértales que siempre es mejor mostrarse como realmente se es; la sinceridad y autenticidad son la base de buenas relaciones de amistad.

DESERCIÓN ESCOLAR

La deserción escolar se refiere al hecho de que los jóvenes abandonen el colegio, los estudios y todo el ámbito académico, ya sea por razones personales o por motivos ajenos a su voluntad. Hay muchos factores que influyen en una decisión como esta, y los padres deben evaluarlos todos antes de emitir un juicio sobre su hijo. Es importante encontrar la raíz del problema para poder buscar una solución pertinente.

Algunos factores que motivan la deserción escolar

- Resultados académicos bajos: cuando un joven presenta recurrentemente un bajo rendimiento académico y no logra superarlo, se desmotiva completamente, lo que lo lleva a tomar la decisión de desistir. A su vez, el bajo rendimiento afecta directamente la autoestima, y una autoestima estropeada difícilmente puede generar buenos resultados. De manera que se crea un círculo vicioso complejo de romper. Detrás de unos resultados escolares malos no necesariamente están la pereza y la vagancia. En realidad, casi siempre son otros los motivos: puede ser algún tipo de incapacidad cognitiva, baja autoestima, problemas con los compañeros, con los maestros o en casa, expectativas demasiado altas para las capacidades del joven, entre otros. En estos casos es importante detectar el origen real de los malos resultados para poder proceder a superarlos.

- Problemas en casa: los hijos nunca son ajenos a la situación familiar que se vive en casa. Muchos padres tienden a creer que algunos problemas no afectan directamente a los hijos, pero nada está más lejano de la realidad, muy a pesar de que muchos padres tratan de ocultarlos a los hijos. Los problemas económicos, las peleas entre los padres, la situación laboral de alguno de los padres o de salud de alguno de ellos, entre otros, perturba la tranquilidad de los hijos también. Los hijos son como esponjas que absorben todo cuanto sucede alrededor, y esto definitivamente afecta su rendimiento académico. Muchas veces, ante el temor que llegan a sentir y la incertidumbre que les provoca el problema, toman medidas extremas, como dejar los estudios para buscar "soluciones" a la problemática en casa (por ejemplo, ponerse a trabajar) o evadirla completamente. Es decir, la problemática puede ejercer sobre ellos tanta presión que toman medidas extremas.

- El sistema educativo: este caso se da con mucha frecuencia. Varios padres creen que sus hijos "tienen" que estudiar en determinado colegio, y la verdad es que no todos los colegios son para todos los jóvenes. A veces el deseo de deserción puede estar motivado porque el joven no encaja en el tipo de colegio donde se encuentra matriculado, ya sea por la modalidad académica usada o por el tipo de compañeros que tiene. Todos estos factores son completamente válidos y los padres deberían tenerlos en cuenta. Muchos padres se obsesionan con que tiene que ser dicho claustro, y la verdad es que esto no tiene por qué ser así. A veces la terquedad de muchos padres impide que escuchen los motivos y opiniones de sus hijos respecto a su rendimiento académico. Y lo cierto es que no hay nada más desmotivante que tener que estudiar en un lugar donde no se quiere o donde no se tienen amigos, así sea la panacea educativa. Otras veces puede darse el caso simplemente de que el joven no pueda con el sistema educativo impuesto, a lo mejor

143

es demasiado exigente para él o va en contraposición de sus intereses. Todos estos aspectos deben revisarse y tenerse en cuenta, porque en muchos casos un cambio de colegio o validar los estudios puede ser la solución.

- Problemas psicológicos: la deserción escolar también puede estar relacionada con problemas médicos, como la depresión y trastornos de personalidad o de alimentación, entre otros. En estos casos es importante acudir a un especialista buscando un diagnóstico adecuado y el tratamiento preciso.

- Problemas con los compañeros: teniendo en cuenta que la socialización es importante en esta etapa, la presión de grupo y la no aceptación entre los compañeros pueden ser motivos más que suficientes para que el joven decida abandonar los estudios. Los jóvenes en general pueden llegar a ser muy crueles entre ellos, discriminando, rechazando o burlándose de otros. Para un adolescente vivir esto puede llegar a ser intolerable.

¿Por qué surge el conflicto con los padres?

- Por lo general, los padres relacionan bajos resultados con pereza y vagancia, es decir, emiten juicios apresurados, y esto los lleva a asumir una actitud agresiva con los hijos, que necesariamente empeora las cosas.
- Muchos padres subestiman las verdaderas razones que motivan a los hijos a bajar su desempeño académico; por ejemplo, un desencanto amoroso.
- Los padres sienten que ellos son los que han fracasado al no lograr que sus hijos acaben el colegio.
- Los padres saben que las posibilidades laborales futuras se reducen notablemente cuando no se termina el colegio, lo que sin duda genera mucha preocupación.
- Muchas veces la deserción está relacionada con actividades delictivas, lo que asusta a los padres.

- Varios padres se afectan por el "qué dirán"; es decir, por la imagen social que un hecho de estos proyecte en la sociedad sobre su familia.

¿Qué pueden hacer los padres?

- Es importante buscar el verdadero motivo de la deserción. Y no basta con saberlo, también hay que comprenderlo para poder ayudar verdaderamente al joven. Hable con el joven y, sobre todo, escuche lo que tiene que decir y opinar. Con tranquilidad, busquen la mejor solución entre ambos.
- Los padres pueden proponerles nuevas opciones a los jóvenes con base en las razones que los motivan a desertar: un nuevo colegio, la posibilidad de validar, un trabajo de medio tiempo y estudiar el otro medio tiempo, etc.
- Es relevante que los padres hagan ver al joven cuán importante es terminar los estudios por las consecuencias que esto puede traer para el resto de su vida.
- Si lo considera necesario, no dude en buscar ayuda profesional. Los maestros y el psicólogo del colegio pueden ser una buena alternativa. Ellos lo pueden guiar hacia la búsqueda de una solución más apropiada.

VIOLENCIA EN EL COLEGIO

Infortunadamente, los índices de violencia escolar o matoneo han aumentado en los últimos años. Quizás la presión social, la vulnerabilidad de la familia actual y la crisis de valores vigente sean los motivos que la desencadenan.

Este tipo de violencia, que se ejerce en contra de la voluntad de la víctima de manera sistemática e incluye acciones como acosar, molestar, amenazar, pegar, aislar, excluir o señalar despectivamente, se conoce actualmente como *matoneo* (en inglés, *bullying*).

En él, pueden actuar no solo víctimas y victimarios. Los observadores o espectadores también pueden reforzar la violencia: riéndose, apoyando al acosador o simplemente guardando silencio.

Al hablar de violencia no solo se hace referencia a la violencia física, también se alude a la violencia verbal y psicológica que ejercen unos jóvenes contra otros. Es importante tener esto presente porque muchos padres creen que si no hay golpes de por medio, no hay un caso de violencia.

Todos los casos de violencia son igualmente importantes y ameritan un trato responsable por parte de los padres, los maestros y los directivos de los colegios. Para tomar medidas es indispensable identificar el tipo de violencia que se presenta:

- Violencia física: peleas con armas, o sin ellas, que van desde empujones hasta puños; incluye actos como buscar pelea, morder, dar golpes, empujar, halar el pelo, dar cachetadas y hacer zancadillas. Según la magnitud, puede ser resuelta solo por los directivos del colegio, los profesores y los padres. Cuando hay armas de por medio (blancas o de fuego), debe recurrirse a las autoridades.

- Abuso sexual: lo pueden ejercer los estudiantes entre sí mismos, sin importar el sexo, o los maestros y otros empleados hacia los alumnos. Siempre debe recurrirse a las autoridades. Los padres y los maestros deben darles credibilidad a los hijos cuando hay alguna queja sobre este tema tan delicado y de tanto impacto emocional. A veces las quejas no suelen ser atendidas a tiempo o son subestimadas, lo cual lamentablemente puede terminar en tragedia.

- Agresiones verbales: se refiere a gritos, groserías, apodos o dichos descalificadores que minan la autoestima de quien los recibe. Puede llegar también a hostigamientos, amenazas, extorsiones y acoso psicológico. Este tipo de violencia hiere los sentimientos de la víctima, porque se la está ridiculizando y humillando de manera constante. Por lo general, cuando se ataca con palabras, las heridas son mucho más complicadas de sanar; las burlas constantes descalifican y humillan.

- Rechazo por parte de otros: esta actitud suele ser propia de los jóvenes con aquellos chicos que no consideran parte de su grupo. Es violencia en la medida en que afecta profundamente la autoestima de otro joven, lo que lo lleva a marginarse de toda actividad social relacionada con el colegio.

- Obligar a alguien a actuar en contra de su voluntad: esta también constituye una forma de violencia, pues la víctima se doblega a la voluntad del acosador y termina por hacerse daño a sí misma y a los demás. En muchas ocasiones, el joven que es víctima de abusos guarda silencio por temor a las amenazas contra él, contra sus amigos o contra sus hermanos.

- Violencia virtual (*cibermatoneo* o *cyberbullying*): este tipo de violencia se ejerce por medios tecnológicos, como Internet o teléfonos celulares, teniendo como agravante que desvaloriza y humilla a la víctima de manera rápida, masiva y, en algunos casos, anónima. Los espectadores cumplen un papel importante, pues son ellos quienes pueden reproducir o, por el contrario, detener el acoso.

Al identificar el tipo de violencia y los actores involucrados, tanto víctima como victimario deben recibir ayuda y, este último, la sanción debida. Es importante buscar la razón por la cual los jóvenes cometen agresiones contra otros, solo así se les podrá ayudar.

¿Por qué los jóvenes cometen agresiones?

- Imitan el comportamiento de sus padres o los comportamientos que ven en casa.
- No tienen quién les fije límites a sus acciones.
- No tienen otra manera de acercarse a los demás. No saben entablar relaciones sanas e incurren a la violencia para hacerlo.

- Son incapaces de ponerse en los zapatos de otros; es decir, no comprenden que otros pueden estar sufriendo por sus acciones.
- Pueden tener rasgos agresivos en su personalidad.
- Recurren a la violencia para esconder sus debilidades.
- Para llamar la atención, buscar aprobación de otros o popularidad en un grupo.
- Viven en un medio violento que acepta el uso de la violencia como una alternativa.
- Para ser aceptados por una pandilla.
- La depresión, la psicosis o el trastorno bipolar pueden llevar a que los adolescentes actúen de manera agresiva o violenta con otros.
- Son víctimas de abuso o de violencia intrafamiliar en sus hogares.

Algunos aspectos que predisponen a la violencia

- Ver programas de televisión o jugar videojuegos con altos contenidos de violencia.
- Estar inmersos en un medio violento.
- Fanatismos ideológicos, religiosos, políticos, etc.

Acciones que pueden evidenciar a un joven violento

- Jugar con armas, ya sean blancas o de fuego.
- Hablar de los actos violentos que le gustaría hacer.
- Practicar actos crueles a los animales.
- Promover entre sus amigos juegos violentos.
- Preferir programas de televisión con altos contenidos de violencia.
- Intimidar y agredir a otros con frecuencia.
- Amenazar a otros cada vez que tiene una pelea.

- Haber estado involucrado en actos violentos con anterioridad.

Cuando las víctimas se callan, ¿cómo detectar una agresión?

Es muy normal que los jóvenes se callen cuando son víctimas de una agresión por temor a lo que les puedan hacer o por pena del "qué dirán" los demás. Por eso, es mejor estar atentos a alguna de las siguientes señales, que pueden evidenciar un maltrato:

- Aparecen con lesiones físicas que no tienen razón aparente.
- Se rehúsan a ir al colegio.
- Se ven callados, ensimismados y, en algunos casos, pueden llorar sin motivo alguno.
- Pueden actuar de forma agresiva en casa, como una manera de sacar la furia que sienten contra su agresor.
- Su rendimiento académico puede bajar.
- Muestran preocupación o temor.
- Pueden dejar de hacer las actividades que les gustan.

¿Qué pueden hacer los padres?

Cuando su hijo es la víctima

- Estar al tanto de qué hacen sus hijos y con quién.
- Ante reacciones extrañas, conversar con el joven.
- No subestimar las acusaciones de los hijos contra alguien. Siempre hay que tomar medidas al respecto.
- Demostrar apoyo incondicional.
- Hacer comprender a los hijos la importancia de hacer valer los derechos propios por medios pacíficos, aunque esto implique que muchos lo cataloguen de "sapo" o "soplón".
- Hacer valer el respeto a los demás siempre.
- Inculcar la tolerancia en casa.

- No tener armas en casa ni permitir juegos con ellas.
- Identificar claramente qué situaciones de abuso se pueden presentar entre jóvenes, para que ellos sepan con claridad cuándo alguien los está usando o maltratando.
- Mantener siempre los canales de comunicación abiertos entre padres e hijos.
- Cuando suceda una acción violenta, prestarles la ayuda necesaria y tomar las medidas pertinentes. No obligar a los hijos a hablar, sino hacerles entender que ellos saben que hay algo mal y que están dispuestos a ayudar y ser confidentes.
- Por lo general, las víctimas suelen sentirse culpables o merecedores de las acciones violentas que se les infligen. Ayúdelos a replantear sus sentimientos y su autoestima.
- Ayúdelos a crear estrategias para defenderse de las agresiones de los otros. Sin embargo, no promueva la venganza.
- Enséñeles a manejar al victimario. Muchas veces los jóvenes siguen abusando de otros porque logran intimidarlos, pero si los chicos aprenden a no tener miedo o a no dejarse afectar por ello, lo más probable es que dejen de agredirlos.
- Explíqueles que es normal sentir rabia, ira, miedo o temor por estas acciones. Ello de ninguna manera es una vergüenza.
- Fomentar los buenos amigos. Un buen grupo de amigos representa también una muralla de protección.
- Revise la manera como los jóvenes están reaccionando frente a otros. Puede que se estén dejando llevar por las emociones, lo que les da ventaja a los agresores.
- Póngase en contacto con el colegio para saber qué está sucediendo realmente. Junto con los directivos, identifique quiénes son los agresores y ayude a construir una red de apoyo para el chico, que le brinde apoyo y lo haga sentirse seguro y defendido.

Cuando su hijo es el victimario

- No promueva la violencia en casa. El ejemplo es la mejor forma de enseñarle a su hijo a actuar de manera respetuosa y pacífica.
- Enséñele a su hijo formas distintas a la violencia para resolver los conflictos, reclamar sus derechos, ejercer liderazgo o ganar reconocimiento.
- Motive constantemente la autorreflexión.
- No ignore ni justifique una situación en la que su hijo haya sido violento.
- Escuche con detenimiento y sin juzgar de antemano a su hijo cuando ocurra un hecho violento. No se refiera a él, sino a hechos específicos; por ejemplo, pegar, burlarse, etc.
- Investigue el porqué de este comportamiento y cómo ha sucedido: ¿lo ha hecho solo, o en grupo?, ¿es la primera vez, o actúa habitualmente así?
- Deje en claro que estos hechos acarrean sanciones que no son negociables. Es muy importante que le muestre a su hijo las consecuencias si esto vuelve a pasar.
- Exíjale que debe reparar lo que ha hecho: presentar disculpas, devolver lo que ha tomado, hablar sobre lo que pasó con la persona agredida, enviar una nota.
- Establezcan juntos compromisos sobre sus comportamientos en el futuro. Reitere siempre su afecto hacia ellos, una actitud de ayuda y el reconocimiento de sus logros; esto ayudará a que avance en corregir los comportamientos inadecuados.

Búsqueda de la carrera

Escoger qué carrera estudiar es quizás la primera gran decisión a la que se enfrenta una persona a lo largo de su vida. Hay jóvenes que saben con certeza qué les gusta con anterioridad a graduarse como

151

bachilleres en el colegio, pero a otros les cuesta mucho trabajo decidir qué hacer. Realmente no es fácil seleccionar una carrera, más aún teniendo en cuenta que los jóvenes están en un proceso de búsqueda de identidad que no ha concluido para esta época.

Las dudas se originan básicamente porque los jóvenes no saben con certeza qué les gusta, con qué habilidades cuentan, si estas están más relacionadas con una afición o con un oficio, si determinada carrera va a servirles o no para desempeñar tal o cual cargo o cuáles van a ser las opciones al estudiar esto o aquello.

En el proceso de selección, lo importante es que el joven se sienta contento y tranquilo con la decisión que tome y que lo haga según su voluntad. Obviamente, es importante que los padres los guíen, ojalá sin sesgarlos o presionarlos.

Puede suceder también que los jóvenes no se sientan preparados para comenzar una carrera inmediatamente se gradúan como bachilleres en el colegio, lo que es completamente admisible. Muchas veces la presión de los padres para que ingresen inmediatamente a la universidad es más un inconveniente que un apoyo. Existen otras alternativas, como tomarse un tiempo para viajar, trabajar o aprender un nuevo idioma, que pueden ayudarlo a clarificar sus intereses profesionales.

La inseguridad de los adolescentes para decidir qué carrera seguir puede deberse a la falta de información sobre las carreras o al desconocimiento de las ofertas existentes en el medio. Por ello, es importante ayudarles a los jóvenes a conocer qué se ofrece en la ciudad donde se habita, qué opciones hay, de qué se trata cada una de ellas, para qué pueden servir en la vida, etc.

El costo de la universidad también debe tenerse en cuenta, porque muchas veces de este depende la selección de la carrera. No obstante, hoy en día son muchas las entidades estatales y privadas que ofrecen varios tipos de crédito financiero. Es importante averiguar sobre las distintas opciones, los requisitos que piden, las condiciones que imponen, etc., antes de tomar una decisión.

Aspectos para tener en cuenta
a la hora de escoger una carrera

* Qué requisitos exige: no todas las carreras piden el mismo puntaje de examen de Estado.
* Sopesar las asignaturas y si se tiene habilidad para estas.
* Determinar qué posibilidades futuras ofrece en el campo laboral. En cuáles áreas de acción puede llevarse a la práctica.
* Cuánto dura.
* Cuánto cuesta. ¿Es posible costear el programa o debe acudirse a un crédito?
* Cuáles universidades ofrecen esa carrera.
* Cuál es la diferencia entre los programas que ofrece cada universidad.

¿Por qué surge el conflicto con los padres?

* Los padres sienten temor de que sus hijos estén tomando una mala decisión o se estén dejando llevar por un capricho a la hora de escoger la carrera.
* Muchos padres preferirían que sus hijos estudiaran carreras comunes, las que ellos ejercen o las de mayor demanda, porque temen que sus hijos no logren sobrevivir el día de mañana con carreras artísticas o científicas, por ejemplo.
* Varios padres se hacen un ideal de lo que quieren que sean sus hijos. Evidentemente, todo padre desea lo mejor para ellos, pero esto no debe interponerse en sus deseos de estudiar lo que les gusta. Déjelos que sean ellos quienes determinen qué quieren estudiar; ellos también tienen deseos, intereses, percepciones de sí mismos y expectativas propias. Apóyelos en su decisión.
* Los padres creen que los hijos aún no están en capacidad de escoger carrera.

¿Qué pueden hacer los padres?

- Escuche las opciones de sus hijos y ayúdelos a escoger la mejor para ellos.
- Ayúdelos a informarse buscando todas las posibles universidades que ofrecen el programa que desean, evalúenlo juntos, facilíteles que conozcan gente que se desenvuelve en el área de interés, permítales que vean los pros y los contras, etc.
- Respete las escogencias de sus hijos. Muchos padres obligan a sus hijos a seguir una determinada carrera, ya que si no lo hacen, no la costearán. Este tipo de presiones —o chantajes— no deberían darse. Un padre debe respetar las opciones y gustos de su hijo y asumir una actitud de apoyo constante. Obligarlos a estudiar una carrera trae muchos problemas y hasta la ruptura total de las relaciones padre-hijo.
- Cuando su hijo esté dudando, no trate de manipularlo para que escoja la carrera que usted preferiría para él. Es el futuro de él, no el suyo. Ayúdelo a que se encuentre.
- Es preferible esperar uno o dos semestres para estar seguro y no desperdiciar una matrícula por andar en afanes y presiones.
- No los presione para que escojan carrera cuanto antes. Si no están seguros, bríndeles otras opciones.

¿Qué voy a estudiar?

El siguiente cuestionario puede ayudar al joven a pensar y reflexionar sobre lo que le interesa profesionalmente.

1. ¿Cuáles son mis fortalezas y mis debilidades?
2. ¿Cuáles áreas del conocimiento me atraen?
3. ¿Cuáles son las materias que más me interesan?
4. ¿En cuáles me gustaría profundizar mi conocimiento?
5. ¿Cuáles son mis intereses y aficiones?
6. ¿Quiero desarrollar algún interés o afición en particular?

---

7. ¿Qué oficio me gustaría desempeñar en el futuro y por qué?
8. ¿Qué fortalezas creo que tengo para desarrollar ese oficio, y cuáles debilidades?
9. ¿Hay algún programa académico que me permita acceder a ese oficio, por qué?
10. De las universidades que ofrecen el programa, ¿cuál es el mejor para mí?

Algunos consejos para tener presentes en la entrevista de la universidad

- Mantener la calma. El miedo no deja que la gente se exprese bien o facilita que se cometan errores.
- Ir bien presentado.
- Escuchar con atención las preguntas y limitarse a responderlas.
- No mentir.
- Hablar claro y de manera concisa.
- Dejar hablar al entrevistador.

¿Qué hacer cuando el joven no pasa a la universidad?

- Apóyelo, a pesar de la situación.
- No lo juzgue.
- Ayúdelo a revisar qué pudo haber fallado y si se tomó la decisión que era.
- Busquen otras alterativas, como tomarse un tiempo, viajar, trabajar, hacer un curso preuniversitario, tomar cursos libres, estudiar un idioma, etc.
- No permita que esto afecte su autoestima, ayúdelo a ver el lado bueno de la situación.
- Anímelo a que siga adelante y que no se dé por vencido.

¿Qué hacer cuando quieren cambiar de carrera?

Equivocarse de carrera es algo normal. No obstante, esto genera gran preocupación al joven porque teme la reacción de los padres, no solo por el dinero invertido y por el tiempo, sino por la incertidumbre de no saber qué hacer. Para todos los jóvenes que se equivocan, asumir el error no es fácil. Muchos sienten que fallaron y que defraudaron a sus padres. Otros, por el contrario, sienten un gran alivio porque por medio del error pueden saber con certeza cuál es la carrera que desean. En cualquier caso, es importante hablar con los jóvenes y determinar los motivos que los llevan a tomar esta decisión. A veces es veraz el deseo de cambio, pero otras veces se debe simplemente a cansancio porque muchos pueden confundir una carga académica pesada con un "no me gusta esta carrera". También es posible que sí les guste lo que estudian, pero que no lo vean hacerse "realidad" a corto plazo porque no disfrutan las materias que les toca tomar en los primeros semestres. Por ello, es importante revisar la razón original. Consideren de nuevo las habilidades, intereses y posibilidades de los jóvenes. Ayúdelos a buscar contactos que puedan proveerles información acerca de otras carreras y las opciones laborales de cada campo. Apóyelos en una nueva búsqueda. Quizás puedan promover otras opciones, como viajar o trabajar, pero sin dejar de insistir en la importancia de una carrera, ya sea universitaria o técnica. A veces también un descanso permite aclarar la mente. Lo importante es que ustedes, como padres, siempre estén presentes para guiarlos.

VI. Adolescentes y relaciones interpersonales

La preadolescencia está enmarcada por la familia, pero la adolescencia tiene como característica la conformación de grupos. Parte del proceso de diferenciación que inician los jóvenes en la pubertad implica la confrontación de los modelos familiares, para armar el modelo propio. Esta construcción hace que ellos desplacen su centro de atención de la familia a otros ámbitos. Por eso, pasan más tiempo con sus amigos, conversando, practicando sus aficiones, en sus estudios o en cualquier otro ambiente, que con los padres o los hermanos. Esto es normal, y los padres deben comprenderlo como la etapa de los grupos.

Los grupos cumplen el papel de sostén externo a la familia, de trampolín social. Es la forma en la que los adolescentes se sienten seguros para comenzar su vida social, donde buscan pertenecer, figurar y triunfar. Por ello, a partir de ahora van a centrar toda su energía en lograr hacer parte de un grupo, en ser aceptados y reconocidos por este, ya que esta es la oportunidad que tienen de empezar a ser alguien diferente de quienes son en casa, de identificarse y definirse.

Es común que las relaciones de los adolescentes se den en el colegio, con compañeros de clase, del bus, del barrio, que sean personas con quienes comparten asignaturas, practican deportes, entre otras. Son relaciones que se dan por la proximidad y las

157

actividades que se comparten, por las circunstancias, y por ello están condicionadas por esos factores para su duración. Aunque hay unas relaciones que se sostienen a lo largo del tiempo y a pesar de los cambios que tengan, en muchos casos las amistades duran lo mismo que el tiempo de interacción o de proximidad. Además, con los años, cambian los ideales personales, la experiencia y las situaciones que cada individuo afronta, por cual las personas transforman su concepción sobre las relaciones de amistad.

¿POR QUÉ SON IMPORTANTES LAS RELACIONES EN ESTA ETAPA?

- Generan confianza: como ya se dijo en la primera parte, los cambios que trae la adolescencia hacen sentir a los jóvenes únicos en este proceso. Tanta incertidumbre los hace buscar iguales que estén pasando por la misma situación para confiar a ellos sus inquietudes y dudas. Los amigos son una manera de buscar apoyo, de no sentirse solos; son alguien en quien creen en momentos en que desconfían de los adultos, por quienes no se sienten comprendidos. Los adolescentes se sienten más seguros compartiendo los cambios físicos y psicológicos que están sufriendo con alguien que también los esté sobrellevando. Por ello, es normal que en esta etapa aparezca el "amigo íntimo", un confidente con el que pasará mucho tiempo, compartiendo las expresiones y los sentimientos más personales.
- Ayudan a forjar la identidad: la construcción de la identidad se va forjando en la interrelación del yo con el otro. A medida que un individuo recibe información del medio circundante en el proceso de socialización, va determinando qué le gusta, hacia dónde quisiera ir, cómo quisiera ser, qué le gustaría hacer, cómo le gustaría hacerlo, etc., con base no solo en lo que él es, sino también en lo que la sociedad le muestra y le ofrece. Este proceso implica un ir y venir de información que va

moldeando ambos agentes. En el joven, esto dependerá de con quién ande, de cómo se sienta respecto a los demás, de cómo lo perciban los otros y de cuál sea su papel dentro de un grupo. Para lograrlo, ellos necesitan moverse entre la gente, participar en grupos, socializar. Durante el transcurso de esta búsqueda, los adolescentes afianzan su capacidad para comunicarse, van a empezar a hacerse más sensibles a sus necesidades y a las de otros y van a detectar sus fortalezas, así como sus debilidades.

- Fomentan el sentido de pertenencia: los adolescentes no son niños y tampoco adultos. Ellos lo tienen claro. Por eso, conformar grupos de amigos es la forma que tienen para sentirse miembros y parte de una sociedad en la que no tienen claro cuál es el lugar ni el papel que les corresponde. Los grupos de amigos les proporcionan seguridad y protección porque les facilitan su integración a la sociedad.

La presión de grupo

Las características propias de la adolescencia hacen que los jóvenes sean personas fácilmente influenciables: están en la búsqueda de una identidad y no conocen bien el mundo que los rodea. Para ellos todo es nuevo y sorprendente hasta que confirmen lo contrario. De manera que en esa prueba de ensayo-error pueden dejarse llevar por varios tipos de presión: ideológica, religiosa, delictiva, entre otros. Asimismo, la presión de grupo tiene varios niveles: los moderados, que van desde la moda, la manera de hablar, hasta la forma de llevar el pelo; los fuertes, que pueden implicar las relaciones sexuales o probar drogas y alcohol, entre otros; y los graves, que se centran, por lo general, en la violación de las leyes y que derivan en acciones delictivas con consecuencias graves.

No todas las personalidades tienen la capacidad de detectar las malas influencias, y por ello, lastimosamente, muchos caen en graves problemas, como las pandillas, las drogas o el alcohol, por presión de otros. Si el carácter de los jóvenes no está bien sustentado, la presión termina por distorsionar la formación familiar y escolar recibida.

Los adolescentes más propensos a ceder ante la presión son aquellos que sienten poca confianza en sí mismos, tienen baja capacidad de liderazgo y escasa autoestima. También puede presentarse en aquellos que son nuevos en un lugar y que aún desconocen las "reglas de juego".

Se ha demostrado que las personas suelen justificar sus actos cuando creen que no han obrado bien. Es importante que los padres les enseñen a los hijos a actuar y a hacer las cosas cuando ellos se sientan bien y crean que están realizando lo correcto, de manera consecuente con sus valores y principios, y que no les enseñen como regla de vida justificar acciones indebidas.

Si el joven no tiene un carácter muy fuerte, es preferible prever y evitar posibles situaciones en las que haya presión de grupo. En todo caso, ayúdelo a crear estrategias que le sirvan para rechazar las actividades con las que no se siente cómodo.

Es importante que los jóvenes aprendan a decir "no". Además, que se sientan cómodos haciéndolo. Si están en capacidad de hacerlo, podrán evitar la presión del grupo y harán respetar sus derechos y opiniones.

Mantenerse con personas que piensan y actúan de manera similar también es una buena estrategia para evitar presiones.

LOS AMIGOS

Como ya se dijo, los amigos son lo más importante durante la adolescencia. A partir de ahora, los jóvenes pasarán más tiempo con ellos que con la familia, por su necesidad de independencia. Esa cantidad de tiempo les permite conocerse mejor unos a otros, compartir sus pensamientos, ideales y dudas y aconsejarse mutuamente. Esta cercanía les permitirá establecer códigos comunes de lealtad, fidelidad y afecto. Los amigos son el primer contacto del adolescente con un grupo social aparte de la familia y el colegio, con los que aprenden las reglas de convivencia que exige una comunidad. En el proceso de escogencia de sus pares, los adolescentes se van dando cuenta de las diferencias sociales y personales que delimitan el trato entre las personas. Por ello, usualmente escogen gente de su misma edad, parecidos en gustos, clase social, intereses, ideologías y creencias. En un principio, los amigos van a ser del mismo sexo, porque buscan iguales. Sin embargo, como las mujeres maduran más temprano, empiezan a mostrar interés por el otro sexo, aunque la amistad siempre va a primar sobre las relaciones de pareja en este periodo. No obstante, ambos sexos tienen modos diferentes de interrelacionarse. Aunque muchos amigos serán circunstanciales, el vínculo siempre se establecerá porque hay algo en común. Por medio del trato con los amigos, los jóvenes también van a aprender qué está socialmente aprobado y qué no; y tenderán a hacer lo correcto con tal de ser aceptados por los demás. Por esta razón, los amigos suelen vestirse de manera parecida, frecuentar los mismos sitios, hablar igual y hasta comer lo mismo. En general, van a ser "cómplices" en todo.

Los amigos son importantes. Además de las razones ya citadas, son un refuerzo positivo, un apoyo en esta etapa, son determinantes en la formación de los patrones de conducta social y ejemplos vivientes de una misma etapa. Con los amigos, los jóvenes aprenden a ser leales, a cooperar, a defender causas comunes, a solidarizarse, a usar sus propios recursos y a tomar decisiones.

Cómo conciben ellas la amistad

- Las relaciones entre las jóvenes son más íntimas y dependientes.
- Son de más larga duración.
- Suelen pasar más tiempo juntas, hacen todo acompañadas.

Cómo conciben ellos la amistad

- Los jóvenes buscan amigos para realizar alguna actividad, por ejemplo para hacer deporte o compartir una afición.
- Buscan amigos como apoyo.

- Para pedir consejo.
- No suelen estar juntos todo el tiempo.

¿Por qué surge el conflicto con los padres?

- Los padres se sienten desplazados por los amigos.
- Los padres creen que la familia se va a desintegrar porque "ya no pasan tiempo juntos".
- Muchos padres sienten temor porque empiezan a "perder" a sus hijos.
- Ver crecer a los hijos pone de manifiesto la inmediatez de la vejez.
- Varios padres sienten verdadero temor de que alguien les haga daño a sus hijos o de que en las salidas estén expuestos a las inseguridades propias del mundo.
- Los padres no comprenden las nuevas formas de relacionarse de sus hijos, especialmente las que tienen lugar por medio de las redes sociales, como Facebook, Twitter o los chats.
- Los padres sienten miedo porque no saben si sus hijos son capaces o no de escoger bien a sus amigos, de si van a ser capaces de decir "no" o de si alguien se va a aprovechar de ellos.
- Los padres se alarman al pensar que sus hijos pueden andar en "malas compañías".

Pautas de manejo

La amistad es un valor esencial en la adolescencia

- Reconozca la importancia del proceso de socialización que necesitan vivir los adolescentes con sus amigos: los amigos sí son importantes y pasar tiempo con ellos también.
- Los padres no tienen que desempeñar el papel de "amigos de sus hijos". La relación padre-hijo no es una relación de

igualdad, que es la posición que caracteriza a las amistades. Una amistad verdadera entre un padre y un hijo no será posible hasta que el hijo sea adulto. Antes, el niño necesita algo mucho más importante: necesita padres.

- Confíe en sus hijos, crea en la educación que les dio. Los principios y valores inculcados en la familia actúan siempre como un referente importante.
- Actualícese en el funcionamiento de las redes sociales, no solo para criticarlas, sino para orientar al joven en su uso correcto, así como para compartir con él los beneficios que les pueden aportar.
- Conozca a los amigos de sus hijos y, si es posible, a los padres de ellos. Hable con sus hijos sobre sus amigos, sin prejuicios. Las apariencias engañan. Muchas veces los padres actúan basados en prejuicios, sin tener presente que los criterios que han usado sus hijos para elegir a sus amigos son diferentes a los suyos.

Cuando los padres tienen inquietudes sobre los amigos de sus hijos

- Si los amigos de su hijo no le gustan, primero pregúntese qué es exactamente lo que no le gusta: ¿la forma de vestir, de llevar el pelo, de hablar? ¿Es algo realmente trascendental o, por el contrario, son solo apariencias?
- No descarte el diálogo. Aunque sí es muy difícil hablar con los jóvenes, no es imposible. Solo hay que buscar el momento indicado y la forma de hacerlo. Si va a discutir y a increpar, olvídelo, es caso perdido. Según encuestas, un joven escucha más una charla que lo ponga a pensar y lo haga reflexionar sobre su actuación, que un grito exigiendo explicaciones.
- Los padres pueden considerar que lo adecuado es restringir los permisos a los hijos para que salgan únicamente con

163

ciertas personas y a ciertos lugares, pero deben tener en cuenta que para los adolescentes la prohibición es atractiva. Si los padres prohíben, la relación padre-hijo se distancia. Tras una prohibición, los hijos atienden menos a lo que se les pide, ante lo cual los padres reaccionan aumentando su preocupación y tomando medidas aún más drásticas. Esta dinámica hace que el ciclo de comunicación se dificulte y que la situación empeore. Acudir a un tercero que establezca un diálogo tranquilo, sencillo y franco con el adolescente o que lo facilite con sus padres puede ser una estrategia útil.

- Por lo general, son los padres quienes establecen los prejuicios respecto a los amigos de sus hijos. Pregúntese si realmente es tan malo que su hijo conozca gente de otras clases sociales, de modos de pensar distintos, de otras culturas, etc. Diferencie cuándo es peligroso que su hijo ande con alguien o cuándo es porque se sale de sus parámetros.

- La idea no es obligar a los adolescentes a cambiar de amigos. Aunque ocurra así, es posible que ese mismo prototipo de persona vuelva a aparecer en la vida de su hijo con otro nombre y en otra circunstancia. Es mejor afrontar los hechos y no creer evitarlos eliminándolos.

- Busque oportunidades de diálogo donde ambos escuchen y respeten la opinión y la posición del otro. Lo anterior no significa aceptarla, pero sí comprenderla. Ambos están en condiciones para hacerle preguntas al otro, siempre y cuando estas sean hechas con respeto y demostrándole al otro que lo que dice y piensa es importante y respetable.

- Muy frecuentemente los padres piensan que las malas compañías son los demás y no sus hijos. Por ende, el razonamiento lógico es creer que si su hijo cambia de amigos, cambia su comportamiento. Es importante ser objetivo y revisar los comportamientos y formas de relacionarse de los hijos para detectar si son una mala influencia para otros.

Para estimular las amistades

- Hable con sus hijos sobre sus amigos.
- Bríndeles alternativas para que compartan con sus amigos, facilitándoles los planes que hagan entre ellos.
- Ofrézcales oportunidades donde puedan conocer gente y hacer amigos. Una buena manera es fomentando sus aficiones: hacer deporte, realizar alguna actividad cultural, los *scouts*, etc.
- Permita que sus hijos lleven a sus amigos a casa, pero no esté encima de ellos todo el tiempo. Genere un ambiente agradable para que se sientan cómodos y con libertad de hablar y compartir actividades propias de su edad. Esto implica también que hay unas reglas en casa que el adolescente sí debe respetar.
- Sepa dónde están sus hijos, conozca los sitios que frecuentan, pero tenga una actitud tranquila y confiada cuando deciden salir con sus amigos. Una buena estrategia es pedirles que se mantengan en comunicación con usted para decir dónde se encuentran, si están bien y si se demoran en llegar.

El enamoramiento y los noviazgos

Es muy probable que el primer amor se dé durante la adolescencia, ya que es en esta etapa cuando los jóvenes comienzan a sentir atracción por el sexo opuesto. Este descubrimiento los mueve a buscar mecanismos para conformar relaciones más cercanas con sus opuestos y a mejorar todas sus características con el fin de agradar a los otros. Esto implica nuevas preocupaciones, como la moda, la apariencia física y la adquisición de destrezas sociales que los ayuden en la conquista del otro. El primer amor también está íntimamente relacionado con la búsqueda de independencia afectiva de los padres; por ende, no es un amor maduro, sino un medio para liberarse. No obstante, la liberación es relativa, ya que lo que en el fondo se busca es reemplazar la protección que brindan padre y madre por la de otra persona.

Estas relaciones afectivas son importantes porque ponen a prueba capacidades de los jóvenes como el compromiso, el compartir intereses o gustos y la convivencia en pareja, que todos los seres humanos deben aprender. No obstante, es importante tener claros los motivos para entablar una relación, cosa que suele ser muy confusa para los adolescentes por la presión que ejercen sus amigos para tener novio, relaciones sexuales, ser aceptado, etc.

Las relaciones de esta etapa están marcadas por la sobredimensión de los sentimientos y la idealización de la persona amada, características propias de esta edad. Por ello, usualmente van a establecer relaciones llenas de drama y pasión, muy al estilo de *Romeo y Julieta*, concebidas como la única relación de la vida.

La idealización de la persona amada, que puede no ser alguien cercano, sino un ídolo de la farándula, del deporte o un maestro, es algo muy común en este periodo. Por ello, en algunos casos el primer amor se vive en secreto y nunca se expresa directamente a la persona. Surgen así los fanatismos, muy propios de esta época. En estos casos, el enamoramiento puede causar una disminución en el rendimiento académico, un cambio de actitudes y de comportamientos, que los padres pueden entender con más tranquilidad y ayudar a manejarlos.

La idealización

Magnificar las cualidades y capacidades de alguien, así como crear condiciones irreales alrededor de ello, es idealizar. Todas las relaciones comienzan con la etapa de la idealización, por eso en las primeras etapas siempre se piensa que se ha encontrado a la persona perfecta. El problema surge cuando estas se quedan allí. La idealización es una actitud muy propia de los adolescentes, sobre todo porque se encuentran en la búsqueda de prototipos para imitar y seguir. Por esta razón, en este periodo de la vida surgen los fanatismos por actores, cantantes o deportistas. En general, las idealizaciones son pasajeras y no presentan mayores problemas en la vida de las personas. Sin embargo, en la adolescencia es mejor estar pendientes, ya que los jóvenes sobredimensionan todas sus pasiones, por ello se presentan casos, aunque no recurrentes, de matrimonios entre parejas muy inmaduras y suicidios por desengaños amorosos.

¿Por qué surge el conflicto con los padres?

Los padres sienten temor hacia las relaciones afectivas de los hijos por varios motivos. Algunos de ellos son:
- El comienzo de las relaciones sexuales.
- Un posible embarazo no deseado.
- Un matrimonio prematuro que obstaculice la realización profesional de sus hijos.
- Que su hijo se vaya a enamorar demasiado y sufra por ello, o que sea capaz de hacer "una locura" con tal de estar con esa persona.
- Un abandono de sus responsabilidades académicas o laborales.
- Que se involucre con una persona que no le convenga.

Pautas de manejo

¿Cómo ayudarlos a tener relaciones sanas, sobre bases firmes, como la amistad y el amor, y no sustentadas en el afán de las relaciones sexuales, la presión de grupo o la moda?
- El primer consejo para los padres es asumir que las relaciones comienzan y que deben aceptarse como un elemento del proceso de socialización. Prohibirlas o mantener aislado al joven es un gran error. La postura más equilibrada es ayudar a los hijos a canalizar de la mejor manera sus relaciones y sentimientos.

- El elemento más importante es el diálogo. La única manera en que su hijo sabrá qué es una pareja para ustedes es que se lo cuenten o se lo demuestren con el ejemplo. Ningún tipo de cátedra escolar ni texto informativo va a inculcar a sus hijos los valores y principios base de una relación. De manera que deje la vergüenza de lado y hable con ellos.
- Todo motivo de preocupación de los padres respecto a las relaciones de los hijos debe hablarse. De esta manera usted estará más tranquilo, sus hijos sabrán con claridad qué espera usted de ellos y usted conocerá sus puntos de vista. Lo más lógico es que tengan diferencias de opinión y perspectiva, dadas las diferencias generacionales, y seguramente habrá muchas cosas en las cuales usted no esté de acuerdo. El comienzo de las relaciones sexuales y la posibilidad de que su hijo se mude para convivir en unión libre con la persona que ama son dos aspectos que desestabilizan mucho a los padres, pero son una posibilidad real y hay que aceptarlo. Lo más irónico es que muy pocos padres hablan abiertamente de estos temas con sus hijos. (El tema de las relaciones sexuales se trata más a fondo en el capítulo III). Sin embargo, lo importante es que los jóvenes tengan claro cuáles son los valores y principios y las razones por las que están estructurando una relación. La información que reciben de los medios genera mucha confusión, al igual que la desestabilización propia de esta etapa. De manera que ayudarlos a aclarar sus sentimientos es un gran apoyo.
- No subestime los sentimientos de su hijo. Para ellos, estas relaciones son importantes y los involucran afectivamente. Expresiones como "Un amor se reemplaza fácilmente por otro" o "No sufras, que no vale la pena", no resultan acordes con la dimensión afectiva que está viviendo el adolescente.
- Sin destruir el concepto de amor, ayude a sus hijos a pasar del romanticismo a la realidad, mostrándoles cuáles son las verdaderas características que soportan una relación en ámbitos

reales. Hágales ver con una perspectiva menos ideal lo que implica una relación y sus posibles consecuencias.

- Criticar, prohibir o restringir las relaciones de los jóvenes solo ocasionará que ellos se empeñen en seguirlas. Un diálogo inteligente entre padres e hijos es siempre una mejor opción.

- Involucrarse en una relación afectiva necesariamente repercute en las personas para bien o para mal y en múltiples facetas. Es normal que cada uno ejerza algún tipo de influencia sobre el otro; esto es una realidad y, como tal, debe vivirse. Solo si los padres realmente consideran que la influencia es negativa, deben expresarles sus preocupaciones a sus hijos. No obstante, hay que ser objetivos, pues los padres usualmente no aceptan que sus hijos sean los que están equivocados.

- No adopte a la pareja de su hijo como otro hijo para tenerlos "controlados". Los jóvenes necesitan su espacio y su privacidad. Déjelos vivir sus relaciones, sin desentenderse completamente del asunto.

- Cuando las relaciones se rompan, apoye a su hijo para superar la sensación de tristeza y abandono.

- Los padres deben darles a los hijos la oportunidad de manifestar sus sentimientos y reflexiones acerca de la relación. Cuando se escuchan y se exponen las dudas sin imposiciones, ambos lados están más dispuestos a dialogar sobre el tema.

- Si los hijos continúan con su decisión de mantener una relación que los padres no apoyan, pueden recurrir a un tercero en quienes ambas partes confíen para que este dialogue y ayude al joven a reflexionar sobre su postura.

LOS JÓVENES SOLITARIOS

Durante la adolescencia, la amistad cobra una dimensión primordial en la vida de los jóvenes. Para ellos es importante encontrar amigos y, sobre todo, tener un amigo especial: el amigo íntimo.

Cuando el joven siente que no ha encontrado amigos y que no ha sido "seleccionado" por alguien para ser su amigo especial se siente muy rechazado, razón por la cual se aísla.

Aunque es común que muchos adolescentes pasen bastante tiempo solos, no es normal que estén siempre solitarios. Es importante resaltar que el gusto por estar solos no es una situación grave en sí misma, todo depende de las razones por las cuales los jóvenes lo hagan y la manera como utilicen el tiempo. Es evidente que una persona que aprovecha esas oportunidades para realizar actividades formativas, como clases de arte, lectura, escritura o deportes, no se está haciendo daño. Sin embargo, cuando los momentos son usados para menoscabarse, realizar actividades que van en detrimento propio o ponerse en riesgo, la intervención es necesaria.

Muchas veces lo que hace que un adolescente se aísle es la pérdida de un amigo. Dado que en esta etapa los jóvenes sobredimensionan los sentimientos, una traición es casi un acto de vida o muerte. Sentirse abandonados o traicionados por alguien es motivo suficiente para excluirse de la sociedad.

Otros motivos que pueden llevar a un joven a aislarse son la baja autoestima, poca confianza en sí mismo, inseguridades, algún complejo físico o emocional o una incapacidad para poner en práctica las habilidades sociales. Adolescentes demasiado tímidos o introvertidos con dificultades para entablar comunicación y falta de destrezas sociales para interrelacionarse, que realizan poca actividad física y tienen una necesidad permanente de aislamiento pueden convertir a Internet en su única alternativa para relacionarse con otros y hacer amigos.

Todas estas razones pueden revisarse y superarse, buscando que el adolescente pueda llevar una vida social sana. La familia es el primer ambiente social donde se construyen y consolidan los aspectos recién mencionados, con base en los modelos de padres y hermanos. Si esta construcción presentó alguna falla durante la niñez, se verá proyectada en la adolescencia con mayor ahínco.

Nunca es tarde para revisar patrones de crianza. Detectar estos problemas es una posibilidad de superarlos.

¿Por qué surge el conflicto con los padres?

- Porque los padres no saben con certeza qué está pasando.
- Los padres se exasperan al ver a sus hijos sin hacer nada.
- Los hijos comúnmente tienden a proyectar su ira interna y su furia contra quienes los rodean. De ahí que sea común que estos jóvenes se muestren quisquillosos y difíciles de tratar.
- Los padres temen que los jóvenes solitarios lo sean por ser rechazados y excluidos, y no por un deseo voluntario de estar solos.

Pautas de manejo

Averigüe qué motiva que el joven no pueda o no quiera tener amigos. Quizás se requiera ayuda profesional. Puede que los adolescentes no tengan las habilidades sociales necesarias para crear amistades y vínculos con otras personas, que el ambiente en el que se encuentran no sea el adecuado para que ellos se desenvuelvan, que estén deprimidos y por ello se alejen de las demás personas o que tenga alguna psicopatología que les impide relacionarse de manera adecuada con otras personas. El desarrollo adecuado de un individuo en una situación particular no depende solo del momento en el que se establece contacto con otras personas, depende además del estado de ánimo del individuo, sus preocupaciones, necesidades y experiencias. Recuerde que no se trata solo de un elemento; por lo general, son distintas variables las que coinciden e influyen en un momento dado, originando el comportamiento del joven. La falta de comprensión y de receptividad de los padres puede hacer que los adolescentes se encierren aún más en sí mismos.

- Determine cuál es el concepto que el joven tiene de sí mismo. Puede que su autoestima sea muy baja porque su autoconcepto sea completamente errado.
- Indague si se trata de un complejo físico. En esta etapa cualquier detalle físico, por tonto que parezca, se vuelve un gran problema.
- Cualquiera que sea la razón, ayúdelos a superarla.
- Refuerce sus habilidades y ofrezca alternativas para que superen sus debilidades.
- No presione a los jóvenes para que salgan.
- Muéstreles que ser un buen amigo tiene ventajas; no se sentirán solos, podrán recibir apoyo y sentirse queridos y felices.
- Hágales caer en la cuenta de que un amigo no está condicionado por el género, pues puede ser del mismo sexo o del otro. No se trata de un encuentro de pareja.
- La falta de seguridad puede haberse ocasionado por padres muy sobreprotectores. Revise si es esta su actitud.
- Puede que los jóvenes no hayan encontrado realmente iguales entre la gente con la que se relacionan. Si este es el caso, ayúdelos a encontrar gente parecida a ellos proporcionándoles alternativas como cursos, deportes, clubes y otros programas extracurriculares.
- Permítales que inviten a otras personas a su casa.

Para tener buenos amigos hay que:

- Interesarse por ellos.
- Esforzarse por conocer sus inquietudes, preferencias y gustos.
- Tener una actitud comprensiva y ponerse en su lugar.
- Escucharlos sin juzgarlos.
- Ser leales, no hablar mal de ellos y estar prestos a defenderlos de críticas ajenas.
- Compartir sus sentimientos.

- Confiar en ellos.
- Mantener la presencia mutua en los momentos alegres y en aquellos en los que puede haber conflicto.
- Conservar el punto de vista propio, respetando el del otro.
- Tener en cuenta las necesidades e intereses del otro.
- Prestarles atención.

LOS GRUPOS

Una manera de contrarrestar las inseguridades propias de la adolescencia es uniéndose en grupos alrededor de un objetivo común: fanáticos de un artista, equipos deportivos, grupos de ideologías, apasionados por la música, etc. Por lo general, estos grupos tienden a usar lenguajes disímiles para diferenciarse de otros: la ropa, la forma de llevar el pelo, la manera de hablar, los alimentos que consumen y a veces hasta la forma de caminar.

Hacer parte de grupos facilita a los jóvenes la transición hacia una etapa de mayor independencia. También son una manera de tolerar los cambios que se producen en este momento de la vida. Sin embargo, en otros instantes los grupos no son lo más aconsejable porque impiden que el joven se defina según sus pensamientos y sentimientos, postergando decisiones que un líder sí toma. En la medida en que el grupo no vaya en detrimento de su búsqueda y conjugación de una identidad, deben permitirse. La pertenencia a un grupo es adecuada siempre que se mantengan ciertos límites con los demás y cuando se respeta el libre desarrollo del otro.

Por medio de los grupos, el joven puede aprender a cooperar, defender causas comunes, poner en práctica las habilidades sociales y pulirlas, entre otras ventajas. Asimismo, el grupo le permite explorar campos que solo no sería capaz de investigar, como los viajes o los deportes extremos. Actuar en grupo es también buscar una manera de aprobación, ya que puede fortalecer la confianza en sí mismo.

Muchas veces el grupo en sí no es determinante, lo fundamental es hacer parte de algo, pertenecer, sentirse útiles y necesitados, o alcanzar prestigio. Algunos jóvenes prefieren sacrificar su individualidad con tal de ser aceptados por un grupo. Por ello, a veces reprimen sus verdaderos sentimientos, ideas y valores para ser parte del grupo. Incluso pueden llegar a adoptar conductas con las que no están de acuerdo. Solo algunos adolescentes poco comunes desean ser diferentes del resto, pero esto no suele ser la regla.

¿Por qué surge el conflicto con los padres?

- Los padres temen que su hijo tenga que arriesgar mucho para pertenecer al grupo, sin saber qué tan positiva es su pertenencia a este.
- Los padres se sienten completamente desplazados por el grupo.
- A veces es muy molesto tener todo un grupo constantemente en casa, porque irrumpen en la privacidad de la familia sin pensar más que en ellos.

Pautas de manejo

- Los grupos son como una zona de transición entre la niñez y la adultez, de modo que son necesarios, en su justa medida y sin estropear la individualidad del adolescente. Acéptelos.
- Asegúrese de que sea un grupo sano, donde la presión no sea el mecanismo de manejo, sino el disfrute y la alegría de compartir cosas comunes.
- No es fácil, pero de vez en cuando ábrale la puerta de su casa al grupo, permítales hacer alguna reunión allí, así los conocerá. Imponiendo algunas reglas de orden pueden lograrse reuniones geniales. En la medida en que las cumplan, usted podrá de nuevo prestarles la casa.

- Si se trata de un grupo con un fin determinado, como deportivo o artístico, apóyelos y ayúdelos en la consecución de sus metas. Esta es una gran manera de acercarse a los jóvenes.

LAS PANDILLAS

En este apartado se entenderá *pandilla* como grupo disfuncional y al margen de las normas sociales e incluso legales. Las pandillas tienen una connotación agresiva y delincuencial en la sociedad, que involucra la participación en actividades violentas. En este sentido, las pandillas son un problema grave.

Muchos jóvenes, en su afán de asociarse, no miden los valores y principios ni las características de algunos grupos, por ello en ocasiones terminan enredados en pandillas, grupos de ideologías extremas o sectas. Los jóvenes pueden no ser conscientes de todas las implicaciones que esto conlleva, y los demás miembros pueden aprovechar la falta de experiencia y la ingenuidad de uno de los miembros o el deseo de pertenecer a la pandilla para presionarlo a realizar determinadas acciones. Dado que las pandillas son ilegales o delincuenciales, los padres temen que sus hijos terminen en prisión o que tomen caminos errados en el intento de pertenecer a ellas, como consumir droga y alcohol.

Existen varios adolescentes que buscan una identidad negativa, es decir, prefieren ser parte de grupos marginales o peligrosos a no ser nada. La falta de modelos positivos a quienes seguir o imitar y la crisis de valores actual llevan a los muchachos a buscar algo, así sea malo, pero real.

Las pandillas ofrecen seguridad a cambio de que todos sigan las mismas pautas y las órdenes de los líderes; y esto es preferible a estar solo. Se suma a esta situación la realidad de los países latinoamericanos, donde faltan posibilidades de estudios superiores o técnicos y proyectos reales de trabajo, de futuro, lo que se convierte en una presión inmensa del medio por ser alguien a como dé lugar. Las condiciones de vida, la dinámica familiar, la búsqueda de la identidad y las condiciones sociales en las que vive el individuo son fundamentales a la hora de determinar su posibilidad de integrarse a una pandilla. Todos los factores que incitan a los jóvenes a pertenecer a estos grupos están ligados al contexto y a las oportunidades que tengan dentro de este para satisfacer sus necesidades.

Es una realidad que el desencanto social lleva a estos jóvenes a asumir conductas desafiantes y provocadoras, sin importar que estas sean ilegales. Por otro lado, la presión de grupo y la urgente necesidad de pertenencia, hacen muchas veces blanco fácil a los jóvenes de las malas influencias.

Hay varios factores que pueden llevar a un joven a integrarse a una pandilla. Algunos de estos son:

- La familia: las familias disfuncionales y con problemas graves, donde se presentan, entre otras cosas, violencia intrafamiliar, abandono o abuso sexual, llevan a los jóvenes a buscar asilo en pandillas, que consideran su familia y su grupo de apoyo. Asimismo, si otros miembros de la familia han estado vinculados a pandillas, es probable que los más jóvenes sigan el mismo rumbo porque lo han visto como un ejemplo de vida que es correcto y que trae ciertos beneficios.

- Otro factor importante es la dinámica familiar, que hace referencia al tipo y calidad de las relaciones que se dan dentro del hogar. Cuando las familias no han brindado apoyo ni atención a los hijos, es muy probable que ellos busquen un grupo que les brinde lo que no han tenido en casa.

- El contexto social. El ámbito social en el que crece el joven cumple un papel fundamental, ya que las condiciones determinan su desarrollo, la satisfacción de sus necesidades y la realización de sus sueños. Si el medio no ofrece las condiciones básicas ni oportunidades alentadoras para el adolescente, unirse a una pandilla es una manera de buscar esas posibilidades negadas, no solo en cuanto a aceptación y pertenencia, sino también en el ámbito material. Por ejemplo, las pandillas en zonas marginales pueden ofrecer la oportunidad, por medio de actividades delincuenciales, de obtener comida o lo necesario para la subsistencia diaria. El caso de las pandillas conformadas por jóvenes sin problemas económicos es diferente. Estas pueden ofrecer a estos muchachos el sentido de pertenencia, afecto, amistad, el sentirse necesitados o aceptados o el "prestigio" de pertenecer a una de ellas. A veces el solo hecho de ser parte de un grupo "de malos" que aterroriza a los otros jóvenes es un placer.

¿Por qué surge el conflicto con los padres?

- Los padres temen que sus hijos se unan a las pandillas por las actividades que los jóvenes deben hacer para pertenecer al grupo y las posibles consecuencias que trae el realizarlas.
- Se presentan actividades delictivas que terminan en problemas con la ley.
- Las pandillas, por lo general, también están asociadas al consumo de drogas y alcohol.
- A los padres les preocupa que los hijos no sean capaces de enfrentar el poder que ejerce la pandilla y que los lleven a actuar en contra de su voluntad (lo que muchas veces suele suceder).

Pautas de manejo

- Los padres deben revisar las dinámicas internas dentro del hogar y el tiempo que se comparte en familia. Estar juntos brinda la oportunidad de conocer al otro, sus preocupaciones, la situación en la que se encuentra, el contexto en el que se mueve y sus necesidades. Cuando los vínculos familiares son fuertes, cada uno percibe el hogar como un grupo que brinda apoyo, protección y ayuda confiable. Así, es menos probable que los adolescentes busquen llenar sus necesidades en otros ambientes.

- La familia también cumple un papel importante en la construcción de la identidad. Es importante que los padres entiendan que dentro de la familia se construyen la autoestima y el autoconcepto. Ambos aspectos son relevantes en la forma como el individuo se relaciona con los demás.
- Los padres deben brindar oportunidades reales de futuro. Hay que creer en ellos y convocarlos para programas o proyectos que involucren sus sueños.
- Con frecuencia, los padres piensan que los actos reprochables vienen de malas influencias y que los malos siempre son los amigos, no sus hijos. Por ende, sus hijos siempre están en "malas compañías". Son muy pocos los padres que admiten que su hijo puede ser la mala compañía o que es él quien instiga al mal a otros. Si los culpables siempre son los amigos, la mejor solución es obligarlos a cambiar de compañía, creen los padres, y no buscan una solución real al problema. A veces, aunque sea muy duro, hay que abrir los ojos y afrontar la realidad.
- Los padres suelen creer que si sus hijos tuvieran otros amigos, serían diferentes, pero esto no es así. Es al contrario: a medida que los adolescentes cambian, cambian de amigos. Obligarlos a cambiar los amigos no funciona, pues los reemplazan por otros iguales.
- En los casos en que las actividades de los jóvenes involucren dificultades o peligros para ellos o para los demás, los padres deben buscar ayuda profesional y acercarse al hijo de una manera que no lo reprima ni lo inhiba, pues lo único que se logra es evitar que el hijo le cuente qué está ocurriendo y probablemente cause una separación más profunda en la relación.
- Conocer a los hijos y saber cuáles son las actividades que les interesan hace posible que los padres les puedan ofrecer alternativas sanas a sus hijos, donde ellos puedan desarrollar sus gustos.
- Es importante resaltar que la pertenencia de un joven a una pandilla puede ser producto de la presión de grupo. Las pandillas

pueden usar la presión para obligar a una persona a unirse a ellos. Los padres pueden ayudar al adolescente a crear estrategias contra la presión.

- Pertenecer a una pandilla es un asunto delicado. Muchas veces, la influencia de estas logra modificar las concepciones morales de los jóvenes, lo que les permite adoptar un nuevo código grupal de comportamiento, solo sustentado en la aprobación de la mayoría. Por ello, si el grupo concibe delinquir como algo normal, así lo admitirán todos sus miembros sin cuestionarlo.

- Es importante considerar las razones que llevan a que el adolescente se haya unido a una pandilla, determinar las causas por las cuales continuaría en ella y los motivos por los que la abandonaría. A veces dejar la pandilla trae consecuencias, ya que muchos grupos lo consideran una deslealtad. Las amenazas que suelen hacerse al que abandone la pandilla no deben tomarse a la ligera. Querer evitarlas puede ser el motivo de seguir perteneciendo a ellas.

- Los padres no deben menospreciar los problemas de los jóvenes. Estos pueden ser muy importantes y traer consecuencias muy graves para el adolescente. Por ello, es fundamental que los padres no desatiendan los problemas de sus hijos y que los ayuden a crear estrategias adecuadas para solucionarlos.

- La mejor manera de evitar que los hijos tengan algo que ver con las pandillas y no busquen la familia en una pandilla es hacer que se sientan amados y aceptados, y alentarlos a sentirse poderosos en el desempeño de sus habilidades; por ejemplo, ayudándolos a ser buenos en algo y a tomar decisiones. Asimismo, es importante que ellos se sientan necesitados por los padres y por otras personas cercanas.

- La ayuda profesional es necesaria cuando los jóvenes ya han participado en actividades al margen de la ley. Cuando las cosas se salen de las manos, hay que buscar soluciones compatibles con el tamaño del problema. Asistentes sociales, grupos de apoyo a jóvenes, iglesias, autoridades, etc., pueden ser buenas alternativas.

- Si hay situaciones muy críticas, no dude en acudir a las autoridades. Delatar no es traicionar, es abrir las puertas a una solución real y contundente.

VII. Adolescentes, tecnología y otros ámbitos influyentes

La tecnología

Desde mediados del siglo XX los avances en tecnología se han venido dando a un ritmo vertiginoso que no todas las personas alcanzan a comprender, ya sea porque se salen de sus ámbitos de conocimiento o porque no han tenido acceso a ellos. Esto ha motivado una de las brechas generacionales padres-hijos más amplias de la últimas décadas, por no decir que quizás la mayor. Hoy, el acceso a computadores, Internet, otras tecnologías y medios masivos que tienen los niños, comparada con la que tuvieron sus padres, es descomunal.

Ahora, las escuelas y colegios incluyen estos recursos pedagógicos. De manera que mientras muchos padres aún no saben cómo mandar un correo electrónico, prácticamente todos los pequeños hacen sus tareas escolares en computador y con ayuda de Internet, lo que se traduce en que en muchos hogares los hijos superan a los padres en cuanto a uso y comprensión de tecnología.

Esto aparentemente no tendría ningún problema, si no fuera por la cantidad de información a la que cualquier joven con un computador y una conexión a Internet puede acceder.

Internet

En Internet se puede buscar todo tipo de información, conversar con gente de todo el mundo, mandar y recibir correos electrónicos, enviar o descargar música, imágenes y videos, en fin, un gran número de posibilidades de comunicación con otras personas, a una velocidad increíble y prácticamente sin límite alguno. Para los jóvenes esta es una herramienta vital, hace parte de sus vidas, crecieron con ella, no les es ajena, hace parte de su cotidianidad.

Por medio de la red, muchos jóvenes obtienen la mayor parte de la información que usan para hacer sus deberes escolares o universitarios. También reciben los informes de la escuela o de la universidad, se comunican con sus amigos o juegan. La capacidad de ir de un lado a otro solo con un clic es inverosímil, lo que atrae la curiosidad y la impulsividad propias de esta edad.

Los jóvenes no pueden tener controles eficientes o supervisión sobre el manejo de la red; por medio de ella pueden buscar con total libertad la información que quieran o entrar en contacto con quien deseen sin que sus padres lo sepan.

Dado que en la red se usan seudónimos, cualquiera puede "hablar" con el que quiera o aparentar que lo está haciendo. Contrario a los amigos que vienen a la casa, los padres no pueden ver a las personas con quienes conversan sus hijos ni saber de qué hablan, lo que hace que Internet sea el medio perfecto para que los jóvenes mantengan su intimidad aislada de sus padres.

Sin embargo, los adolescentes tienen más posibilidades de meterse en líos por Internet que los niños, porque ya tienen la capacidad de navegar por todo el ciberespacio sin restricción alguna, lo que los puede llevar a entrar en contacto con gente muy distante a ellos. Lastimosamente, esto los hace uno de los grupos con más alto riesgo de sufrir abusos por parte de vendedores de droga, pederastas y explotadores, entre otros.

¿Por qué surge el conflicto con los padres?

- Temen que los hijos accedan a páginas de pornografía por Internet.
- Existe siempre el temor de que los jóvenes establezcan relaciones con alguien peligroso.
- Temen que en algún momento los jóvenes den más información de la que es debida y esto ponga en peligro su vida o el patrimonio de la familia.
- Los mortifica que los jóvenes pasen mucho tiempo frente al computador y dejen de lado otras actividades.
- Se sienten desplazados por la tecnología. Esta no solo les "roba" tiempo con sus hijos, sino que además no la comprenden.
- En este ámbito se rompe la comunicación entre padres e hijos: términos como *blog, spam,* o *bulk* son "chino" para muchos papás. En estos casos, los padres no saben de qué están hablando sus hijos, lo que aumenta la barrera generacional.

¿Qué pueden hacer los padres?

- Aprender sobre tecnología. Tomar un curso de acceso a Internet y manejo de la red. Esto no solo les abre muchas perspectivas, sino que también les brinda la posibilidad de compartir páginas web, correos electrónicos, blogs, etc., con sus hijos.
- Es necesario poner límites de tiempo acordes con las necesidades del joven, pero que no impidan la realización de otras actividades. Aunque es difícil limitar el tiempo que los jóvenes pasan conectados porque no se sabe cuándo sí le están dando un uso académico, por ejemplo, y cuándo no, es labor de los padres ayudar a sus hijos a ser autorreguladores del uso de la tecnología.
- Prevenir a los jóvenes sobre los posibles peligros que tiene la red: muchas jovencitas han caído en redes de trata de mujeres por dar sus datos personales a desconocidos.

- Hay que tener cuidado con los números de cuentas bancarias o de tarjetas de crédito. Es importante que los jóvenes sepan que no todas las páginas web tienen la debida seguridad para comprar por medio de ellas y que, además, hay mucha gente que puede robar la información y hacer grandes desfalcos financieros.
- Es pertinente que los jóvenes sepan que si van a conocer personalmente a alguien que encontraron por Internet, deben tomar las medidas necesarias: no ir solos y hacerlo en lugares públicos, donde haya muchas personas.
- Ayúdelos a crear un criterio selectivo de la información que encuentran en línea. Así como hay cosas buenas, en la red también hay mucha basura.
- Si la edad del joven aún lo permite, use alguna de las modalidades de control que su servicio de conexión en línea le ofrece u obtenga uno de los programas comerciales que permiten a los padres limitar el acceso a las salas de conversación, los grupos de noticias y otros sitios no apropiados.

Las redes sociales

A través de diversas plataformas en Internet se difunden las redes sociales o comunidades virtuales, es decir, personas que se interrelacionan de manera digital. Hay diferentes tipos de grupos, con diferentes motivos para "reunirse". El objetivo principal de la redes sociales es entablar contacto con personas, ya sea porque comparten intereses laborales, profesionales o simplemente para conocer gente. La red social más popular entre los adolescentes es Facebook.

Al pertenecer a una red social se puede conocer gente, reencontrar viejos conocidos, hacer conexiones laborales, compartir información, gustos, archivos y enlaces, entre otras actividades.

Facebook

Facebook es una red social lanzada en febrero de 2004. Desde entonces ha logrado llegar a más de mil millones de usuarios reales, donde más de la mitad lo usan a través de un dispositivo móvil, es decir, desde el celular.

Esta red social le permite a la gente crear un perfil, poner sus datos personales, intereses, gustos, fotos, videos, etc., además admitir "amigos" a su página, los cuales pueden ver toda su información y comentarla. Sin duda, Facebook tiene grandes ventajas: reencontrarse con gente con la que se habían perdido los contactos, mantenerse al día con los amigos —sobre todo con los que no viven en la misma ciudad—, conocer gente de otras partes del mundo, compartir con los amigos la cotidianidad a través de fotos, comentarios o publicaciones, entre otras.

Twitter

Ante el éxito de Facebook, en 2006 fue lanzada Twitter, una red que cuenta con más de 200 millones de usuarios y que funciona por medio de notas cortas públicas o privadas y que pueden ser comentadas por otros usuarios o seguidores.

Messenger y Skype

Los *messenger* son unos servicios de *chat* que permiten hablar con contactos elegidos por el dueño de una cuenta. También es posible comunicarse a través de una cámara, enviarse fotos y archivos. Al igual que los *messenger*, Skype permite comunicarse a través de texto, voz o video.

Youtube

Es una página web donde quien se registre puede cargar videos que son vistos públicamente y pueden ser comentados.

Tecnologías celulares

Por medio de los celulares es posible enviar mensajes de texto a varios contactos al mismo tiempo, así como videos cortos que son tomados con el mismo aparato telefónico.

Son muchas las redes y tecnologías para conectarse y también son muchas sus bondades. Sin embargo, existen cosas sobre las que hay que reflexionar: ¿qué tipo de relaciones se forjan a través de la red?, ¿estas desplazan las relaciones personales?, ¿a través de la red se vive una vida real o ficticia?, ¿qué tipo de privacidad le estamos dando a nuestra vida?

Estos son aspectos importantes que hay que pensar y hay que hacer que su hijo adolescente los reflexione también. El concepto de *amigo* varía notablemente de la red a la vida real. Un "amigo" en Facebook es aquel a quien se admite para que pueda ver toda la información publicada en su página, pero no necesariamente alguien con quien realmente se esté estrechando un vínculo. Los jóvenes, en su afán de popularidad —aspecto que es de suma importancia para ellos— comienzan a competir por quién tiene más número de "amigos" en Facebook o "seguidores" en Twitter, sin prever si los admitidos son en realidad personas de fiar o incluso personas con quienes deban compartir su intimidad.

Muchos jóvenes no son conscientes de la información que "cuelgan" en sus páginas o que publican en sus cuentas. Es así como muchos comentarios que empiezan con un fin, terminan siendo vistos por más gente de la que debería y, a veces, haciendo daño a otros.

Otros jóvenes simplemente lo hacen adrede: aprovechan la red para difundir información que le hará daño a la integridad de otra persona. Esto se ha llamado *cibermatoneo* (o *cyberbullying*) y, de acuerdo con las consecuencias, ya se penaliza en varios países. Se han dado casos de suicidio de adolescentes por comentarios, fotos o videos que otros jóvenes han puesto a disposición del público de la red.

Los jóvenes, en general, no son muy conscientes de las consecuencias de sus actos. En su afán por sobresalir o ganar un espacio entre sus pares, son capaces de hacer cualquier cosa. Muchas veces se dejan llevar por la alegría del momento o por la presión de grupo, que los lleva a manejar su página de Facebook o sus cuentas en Twitter, Messenger, Youtube o sus propios teléfonos de manera irresponsable. Por ejemplo, ponen comentarios acerca de sus amigos o suben fotos que invaden la privacidad de alguien, sin pensar mucho en lo que esto puede desatar entre la comunidad virtual.

También, se presentan casos de personas que crean identidades falsas con el fin de engañar a jóvenes (hombres y mujeres) con fines de abuso sexual, redes de personas o, incluso, narcotráfico.

Otro aspecto que no debe dejarse de lado es el tiempo que sus hijos pasan conectados a la red, "socializando" de manera virtual, en detrimento de sus relaciones reales. Es decir, si su hijo pasa más tiempo con los "amigos" virtuales que con los reales y no sale ni socializa con nadie más, hay que tomar medidas. Hable con él al respecto, ayúdelo a comprender que una cosa es esta imagen ideal y prácticamente ficticia que está creando sobre la amistad, y otra, la vida real. Mantener relaciones persona a persona es importante para la buena convivencia en comunidad. La relación entre seres humanos nunca se debe ver desplazada por un dispositivo digital.

Las redes sociales pueden ser una gran herramienta si se usan de manera controlada y con sensatez, pero también pueden ser una gran ilusión que genera dos mundos paralelos que están completamente disociados: en la vida real se es una persona, y en la red, otra. Y esto a veces puede salirse de las manos y ocasionar problemas graves de socialización.

¿Por qué surge el conflicto con los padres?

- Porque los padres se sienten desplazados por la tecnología.
- Porque no saben con quién se están relacionando sus hijos.
- Porque no saben qué tipo de información están difundiendo sus hijos en la red.
- Porque desconocen si sus hijos están siendo cuidadosos con el tipo de gente a la que están aceptando como "amigos".

¿Qué pueden hacer los padres?

- Ayudarlos a ser conscientes de la realidad de la red.
- Dialogar sobre los peligros respecto a la falta de privacidad y a dar más información.
- Reflexionar con los hijos sobre las consecuencias de sus actos en la red: comentarios, publicaciones, fotos o videos que suben.

Los videojuegos

Hoy el juego del niño y del adolescente está muy atravesado por la tecnología. El mercado de videojuegos mueve más de 7000 millones de dólares solo en Estados Unidos y supera la venta de los aparatos de televisión.

Muchos estudiosos del tema han tratado de buscar las razones por las cuales los niños y jóvenes de hoy gustan tanto de los videojuegos. Varios afirman que los prefieren porque pueden controlar lo que ven, en lugar de recibir pasivamente los contenidos televisivos. También, dicen, hacen sentir a los jóvenes un cierto nivel de poder. Frente a ellos los adolescentes buscan superarse, aprender trucos, resolver los problemas que se les plantean y buscar soluciones inteligentes. Cada imagen nueva a la que se enfrentan les plantea un desafío que implica buscar la forma de sortear las dificultades a las que se ve expuesto el personaje de turno. Al jugar, los jóvenes pueden pasar de la ansiedad a la frustración, incluida la rabia, o a la satisfacción y el orgullo de saberse campeones.

Uno de los aspectos más polémicos de los videojuegos es si estos hacen muy introvertida o asocial a una persona. Si bien esto se observa en algunos casos aislados, en la mayoría no es así; más aún, las tácticas y estrategias que aprenden los jóvenes jugando son material de conversación y socialización con sus compañeros y amigos.

Es preciso regular su uso, sobre todo si otras actividades, como las académicas, se ven afectadas. Últimamente se ve una tendencia al mal manejo de los videojuegos y al aumento en los casos de adicción a ellos. Desde un punto de vista meramente educativo, se sabe que jugar un videojuego puede aportar ventajas. No obstante, es difícil hacer generalizaciones en cuanto a ventajas e inconvenientes, ya que cada juego tiene características propias que vienen dadas por su contenido y su estructura.

En todo caso, los videojuegos ameritan ser revisados con detalle para evaluar sus beneficios como una actividad educativa y recreativa, en contraste con su impacto negativo en el desarrollo de los jóvenes.

¿Por qué surge el conflicto con los padres?

- Se molestan porque sus hijos pasan mucho tiempo jugando videojuegos.
- Observan cómo los jóvenes dedican cada vez más tiempo a los videojuegos, en muchos casos incluso reemplazan actividades

como el deporte, la lectura u otras aficiones por largas horas frente al computador o el televisor.
* Los padres temen una adicción a los videojuegos.

¿Qué pueden hacer los padres?

* Controlar las horas que los jóvenes dedican a los videojuegos, sobre todo si estos están interfiriendo con otras actividades, como las académicas o sociales.
* Controlar los contenidos de los juegos de sus hijos, ya que muchos pueden tener connotaciones violentas, racistas o sexistas.
* Fomentar que sus hijos realicen otras actividades al aire libre, como los deportes.

Teléfonos celulares

Hoy en día el teléfono celular o móvil se volvió una herramienta de uso diario, imprescindible para muchas personas. Evidentemente, es uno de los inventos más prácticos de esta época.

El teléfono celular les permite a los jóvenes comunicarse con sus amigos y reportarse con sus padres a cualquier hora y en cualquier lugar. Con algunos modelos se pueden intercambiar mensajes de texto, conectarse a Internet y enviar correos electrónicos. ¿Puede haber algo más llamativo para un joven que un aparato con el que pueden estar en continuo contacto con sus amigos sin el control de los padres? No.

Sin embargo, y como con cualquier otro aparato, hay que revisar sus pros y sus contras. Los pros son muchos. Sin duda, un padre está mucho más tranquilo de poder comunicarse con su hijo en cualquier momento y lugar, más en ciudades con altos índices de inseguridad. Entre los contras, por su parte, está el uso que el joven puede dar al teléfono. Por lo general, para los adolescentes el teléfono no es una herramienta necesaria, sino un elemento de moda que brinda cierto estatus, un mecanismo de evasión de los padres, una manera de estar en contacto permanente con sus amigos y, a veces, un juguete. De ahí el cambio constante de equipo para buscar mejores modelos. Casi ningún adolescente le da un buen uso a su teléfono. La verdad es que dedican demasiado tiempo a hacer llamadas innecesarias a sus amigos, *chateando* o mandándose mensajes de texto sin mucho sentido, que se vuelven más distractores de sus actividades que ayudas.

Los teléfonos celulares no tienen ningún tipo de control. Los padres ya no saben con quién hablan sus hijos, ni la hora, ni de qué conversan. De manera que las reglas que antes existían en el hogar, como la hora y duración de las llamadas, ya son muy difíciles de controlar.

En los colegios su uso está reglamentado, de manera que en casa también debe haber cierto tipo de reglamentación.

¿Por qué surge el conflicto con los padres?

- No hay control de las horas de llamadas ni de con quién hablan los hijos.
- Por lo general son los padres quienes pagan las cuentas del celular; si es así, hay que escoger planes dentro de las posibilidades económicas.
- La posibilidad de estar todo el tiempo conectados con los amigos les quita tiempo con los padres y concentración en las actividades que lo requieren.
- El uso del celular se vuelve una cuestión de moda y no de uso real. De manera que muchos jóvenes comienzan a exigir aparatos más modernos y costosos, solo para aparentar un estatus.
- Irrespetan acuerdos realizados con los padres acerca del tiempo, el consumo o el destino que deben dar al celular.

- Los hijos hacen constantes exigencias y demandas desproporcionadas a sus padres sobre la adquisición de la última tecnología.
- El uso del celular distancia a los padres de sus hijos y dificulta la comunicación.

¿Qué pueden hacer los padres?

- La mejor manera de controlar el uso del celular es pedirles a los jóvenes que paguen ellos sus facturas. Con esta medida realmente se darán cuenta de para qué sirve. Si esta medida le parece muy estricta, pague solo un tipo de plan al mes que esté dentro de sus posibilidades económicas. Los excedentes sí deben ser pagados por los jóvenes.
- Enséñeles a sus hijos las normas básicas de convivencia con el manejo del celular: por ejemplo, este debe apagarse durante una misa, un concierto o una película. No debe hablarse enfrente de otros; en una reunión, es preferible disculparse y atender el teléfono a un lado. No debe usarse en la mesa ni en clase, entre otras normas.
- Establezca normas de uso del celular teniendo en cuenta que no afecte la convivencia.
- Es importante pensar muy bien qué aparatos se van a comprar para no tener peticiones después por parte del joven a las que resulte difícil negarse.
- No lo vuelva el caballito de batalla de las sanciones y los castigos. Las consecuencias que acarrea el mal uso del celular deben ser pactadas de antemano.

MEDIOS MASIVOS: PUBLICIDAD Y CONSUMO

El objetivo de la publicidad es estimular el deseo y la necesidad de consumir en las personas. El segmento que corresponde a los adolescentes es muy lucrativo para el mercado porque está basado netamente en las modas. Es decir, en su gran mayoría los jóvenes no tienen responsabilidades económicas enormes, por lo que pueden gastar gran parte del dinero que sus padres les dan o que ganan en las cosas que quieren. Solo en Estados Unidos los adolescentes gastan alrededor de 175 000 millones de dólares al año, básicamente en moda o productos electrónicos.

Sin embargo, este segmento plantea a los publicistas y especialistas en mercadeo un gran reto: los jóvenes son inconstantes, indecisos y cambiantes. Por ello, las empresas que tienen parte de este mercado son muy hábiles con el lenguaje que usan, reconocen claramente las últimas tendencias y las manejan con destreza para captar rápidamente la atención de los jóvenes. Más aún teniendo en cuenta que este mercado cada día es más sofisticado y complicado, porque los adolescentes cada vez saben más de medios, de tecnología, de imágenes, etc., de modo que no es fácil atraer su atención. En pocas palabras, si hay alguien que sabe exactamente qué pasa en el mundo de los jóvenes y a qué ritmo se mueve son los publicistas. Sus estudios de mercadeo les han permitido comprender perfectamente el perfil de un joven, más que cualquier padre, de ahí que los anuncios apunten a los "verdaderos" intereses de esta etapa: la música, la moda, los deportes, la fiesta, los amigos, la tecnología, etc.

Otro aspecto que explota el mercado mundial para jóvenes es la multiplicidad de personalidades que los jóvenes ensayan en su búsqueda de identidad. Este elemento, amarrado a los ídolos del momento, se torna muy lucrativo: vestirse como el último cantante *pop*, usar la misma marca de tenis que usa un futbolista famoso, maquillarse igual a cierta estrella de Hollywood, etc.

Desde esta perspectiva es entonces claramente entendible el bombardeo publicitario de los medios masivos que promueven el consumo desmedido en los adolescentes. Donde haya dinero de por medio, allí van a estar los grandes conglomerados de la producción para explotarlo.

Si se tienen en cuenta, además, las características propias de esta etapa —búsqueda, indecisión, rebeldía, temor, etc.—, es aún más comprensible que sean los adolescentes un pez gordo para la publicidad.

Los medios masivos también fomentan la homogeneización para crear estereotipos físicos, de modelos de convivencia, valores y actitudes, entre otros, que no siempre corresponden con la realidad. Los adolescentes suelen extraer de dichos estereotipos algunos patrones para imitar, que no son los más adecuados; relacionados, por ejemplo, con temas como la sexualidad, la moda, la alimentación o el comportamiento social. Por ejemplo, se ha demostrado que por cada hora de incremento en ver televisión, aumenta la prevalencia de obesidad tanto en niños como en adultos, no solo por el número de anuncios sobre comidas ricas en grasa y colesterol, sino también por el fomento del sedentarismo. Asimismo, se ha demostrado una relación estrecha entre televisión y relaciones sexuales precoces, con las consecuencias que esto trae, sin mencionar el abuso de los anuncios que usan el sexo para vender desde implementos de aseo hasta carros. Sobra hablar de los constantes anuncios de alcohol, cervezas o bebidas energizantes, donde se promueve entretenimiento y éxito en los deportes o con las mujeres.

¿Por qué surge el conflicto con los padres?

- Muchos padres se exasperan porque a los jóvenes nunca les alcanza el dinero y siempre están pidiendo más.
- Los padres ven cómo sus hijos gastan el dinero en cosas que muchas veces son irrelevantes y tontas.
- Muchos jóvenes aún creen en todo lo que los anuncios de publicidad ofrecen, siguiendo el consumo masivo.
- Algunos jóvenes están convencidos de que tener determinada cosa o vestir de una manera específica los hará ser algo o alguien.

¿Qué pueden hacer los padres?

- Fomente en sus hijos un buen criterio de selección cuando vaya de compras. Muéstreles que no siempre hay que tener las marcas de moda. El mercado presenta varias opciones, ayúdelos a que escojan las mejores con base en su presupuesto, gustos y necesidades.
- No estimule el consumismo satisfaciendo todos los deseos de sus hijos.
- Esté pendiente de qué es lo que recibe su hijo por medio de la publicidad, analice con ellos qué opciones son interesantes y cuáles no valen la pena. La publicidad puede proponer cosas interesantes, pero también fomenta el consumo de muchas cosas inoficiosas. Ayúdelos a clasificar la información para que no se creen necesidades infundadas.
- Restrinja razonablemente las mesadas o el dinero extra que da a sus hijos.

DEPORTES EXTREMOS

Adolescencia y deportes extremos van casi de la mano. Se definen deportes extremos como aquellos no comunes (fútbol, voleibol, tenis, etc.), cuya práctica implica mayores riesgos para las personas que los realizan, como la escalada en roca, el alpinismo, el parapente o el *snowboard*. Es normal que el deseo inmenso de los jóvenes en esta etapa por experimentar nuevas emociones, romper límites, superarse a sí mismos, buscar imponerse y sobresalir de los demás los lleve a realizar este tipo de actividades. Los deportes extremos responden a una búsqueda de nuevas sensaciones y en cada parte del mundo existen diversas condiciones que hacen posible su práctica. Como cualquier otro deporte, estos fomentan un buen estado físico, entretenimiento, confraternización y competencia. Lo importante es realizarlos con mucho cuidado y con todas las medidas de seguridad que se requieren.

También hay que tener en cuenta que este tipo de deportes exigen recursos económicos altos para adquirir el equipo necesario y trasladarse a los diferentes lugares donde se pueden practicar.

No hay que dejar de lado los peligros que representa la realización de estos deportes. Aun practicándolos con la debida precaución, los accidentes son posibles, y cuando estos suceden, las consecuencias pueden ser graves: desde lesiones para toda la vida hasta la muerte.

¿Por qué surge el conflicto con los padres?

- Los padres sienten mucho temor de que sus hijos tengan un accidente grave o pierdan la vida.
- Los padres temen que sus hijos no tomen las medidas necesarias para realizarlos, dado el carácter audaz de los jóvenes.
- Los jóvenes pueden descuidar sus estudios por estar demasiado inmersos en los deportes.
- Estos deportes son generalmente costosos y los jóvenes con frecuencia exigen a sus padres inversiones onerosas.

¿Qué pueden hacer los padres?

- No es malo que los jóvenes realicen este tipo de deportes, si los hacen bien. Por ello, es importante que reciban primero un buen entrenamiento con gente profesional en la materia.
- Asimismo, es primordial que tengan el equipo necesario, en buen estado, con todos los requerimientos de seguridad, y que lo sepan usar bien y en situaciones extremas.
- Facilíteles a los jóvenes tomar un curso de primeros auxilios; si los hay especializados para el deporte que quieren realizar, mejor.

- Los padres deben hacer que sus hijos tengan conciencia de los peligros a los que están expuestos, con el fin de que los jóvenes puedan practicar el deporte con prudencia.
- Es mejor siempre un buen apoyo que una prohibición tajante. Un deporte extremo bien realizado puede traer muchas satisfacciones en la vida y puede mantener alejado al joven de drogas, alcohol y otros problemas.

VIII. Casos y situaciones extremas

Tabaco, alcohol y drogas

El consumo de tabaco, alcohol y drogas sigue en aumento en la población adolescente, con el agravante de que cada día disminuye la edad en la que los jóvenes comienzan a usarlos.

La crisis de valores, la inestabilidad familiar y las sociedades más permisivas que alientan el consumo abierto de estas sustancias (alcohol, tabaco, bebidas energizantes) a través de la publicidad, con mensajes que hacen alusión a una vida más feliz gracias a su uso, son el contexto en el que crecen los jóvenes de hoy.

Esta imagen social que se proyecta sobre el consumo de esas sustancias es lo que los jóvenes perciben como "lo normal". Con base en esta información social, ellos trazan sus esquemas de comportamiento en los que establecen qué es correcto y qué no. El tabaco y el alcohol, más que la droga, son elementos comunes e importantes en las reuniones sociales. Las personas los usan como elementos para mejorar el ambiente de una reunión o para sentirse más cómodos y proyectar una imagen social determinada. Y así lo asumen los adolescentes: fumar y tomar son una manera de mostrarles a los demás que son grandes, que así como los adultos lo hacen, ellos también pueden hacerlo, que son parte de una sociedad de consumo, etc. Esta imagen es, sobre todo, una forma de figurar entre sus pares o incluso entre los menores, haciéndoles creer que son "más importantes" que los otros.

Por ello, en los colegios, por lo general las experiencias en las que se "prueba" alcohol o tabaco las realizan en principio los "grandes" para demostrar independencia y superioridad frente a los demás compañeros. Es usual que quienes prueban dichas sustancias antes que los demás sean los jóvenes que tienen mayor cercanía con estas, es decir, hijos de quienes fuman o toman y a quienes les queda fácil acceder a los cigarrillos o al alcohol. También suelen ser los más populares o los que se relacionan con personas mayores.

Por otro lado, la imagen de qué se consume, en qué cantidad, dónde y con quién, viene también dada por el contexto social. Hay drogas y licores para ciertas clases sociales.

Igualmente es relevante reconocer que muchas de estas sustancias están vinculadas publicitariamente a ciertos artistas o personajes de la farándula, lo que les da más estatus y una relación falsa de consumo-vida feliz o éxito. Lastimosamente muchas personas relacionan lo uno con lo otro, tal como la publicidad lo vende.

La decisión de consumir alcohol, cigarrillo o drogas es de los adolescentes, aunque exista la presión de grupo. Por eso es muy importante que los padres les den a sus hijos la información necesaria para que puedan tomar decisiones, conociendo los riesgos que implica cada sustancia. Tomar buenas decisiones está directamente relacionado con la cantidad de información que tiene la persona al respecto, los valores y principios que rigen su vida, las condiciones propias de la situación, quiénes están involucrados y cuáles son las posibles consecuencias.

Incluir el tema del consumo de estas sustancias en la educación diaria de los hijos es sumamente importante. Teniendo en cuenta que muchos comienzan a probarlas a los diez años de edad o incluso antes, no se puede descuidar este tema. Todas las oportunidades de diálogo deben aprovecharse, y cuanto más temprano se haga, mejor. Los jóvenes deben saber en qué medio se mueven, qué son el tabaco, el alcohol y las drogas, qué producen en el organismo y cuáles pueden ser las consecuencias de su uso. Si los padres ignoran o asumen que los hijos pueden aprender a manejar solos esas situaciones, se están deshaciendo de una responsabilidad importante.

Factores que pueden fomentar el consumo de drogas en adolescentes

- Sociales: la publicidad y los medios masivos que promueven el consumo de estas sustancias, relacionándolas con felicidad, éxito, estatus. Los amigos y el medio también pueden influir en el consumo, sobre todo cuando hay mucha presión.
- Familiares: algunas causas familiares que pueden promover el consumo son el autoritarismo de los padres, la sobreprotección, los antecedentes familiares de consumo, un ambiente conflictivo o desintegrado, la falta de amor y la violencia intrafamiliar.
- Individuales: la curiosidad por saber qué son las drogas y qué producen. La falta de metas que le den un sentido a la vida. La falta de valores firmes. Experiencias negativas que lo hagan sentir frustrado o fracasado. Baja autoestima. Incapacidad para manejar las emociones. Depresión u otros problemas psicológicos graves.

¿Por qué surge el conflicto con los padres?

- Los padres temen que sus hijos entren en contacto con estas sustancias y que abusen de ellas, lo que puede traer graves consecuencias físicas, psicológicas y sociales.
- Los padres se sienten impotentes frente a esta situación.

¿Qué pueden hacer los padres?

* Los padres no deben esperar a que los hijos sean mayores de edad para hablar de estos temas con ellos. Si esperan, probablemente los jóvenes ya hayan tenido contacto con esas sustancias, ya conozcan las dinámicas sociales en torno a ellas y ya comprendan cuáles son las connotaciones sociales que las rodean. Por esta razón, puede que sean indiferentes a lo que los padres les digan.
* A diario los jóvenes reciben mucha información de los medios y de sus compañeros, y no toda es confiable. De manera que es importante que los padres provean información veraz sobre qué son el tabaco, el alcohol y las drogas, qué producen y cuáles son sus efectos en el organismo.
* No oculte información a sus hijos. Muchos padres creen que la mejor manera de evitar que su hijo pruebe determinadas sustancias es procurando que no las conozcan. Nada más equivocado. Es preferible que los jóvenes reciban buena información de su parte que mentiras de otra fuente. Hay que hacer frente y no ignorar la sociedad en la que se vive.
* Los padres deben tomar la iniciativa de hablar. No espere a que su hijo le pregunte, porque seguramente no lo hará.
* Cuando hable con ellos, evite dar cátedra. Escuche también sus opiniones, responda sus preguntas. Si esta primera conversación es amena entre ambos, los jóvenes van a sentir que en un futuro podrán preguntar otras cosas y contar lo que les sucede.
* Ser permisivos tampoco es la solución. Muchos padres creen que ponerse a la altura del joven y permitirle que tome y fume o que pruebe drogas lo convierte en un padre muy moderno, amigo de su hijo. Esta actitud realmente no es recomendable. Aunque usted no lo crea, los jóvenes sí están buscando quién les establezca límites y quién se interese por ellos de manera

contundente. Los padres son padres, y los hijos, hijos. Cada uno desempeña un papel.

- Los padres también deben saber que probar tabaco, alcohol o drogas no necesariamente hace que las personas se vuelvan adictas. Tras una adicción hay muchos factores en juego.

- Tenga en cuenta la imagen que están proyectando frente a sus hijos. Si los padres son fumadores compulsivos o necesitan beber para sentirse alegres, etc., lo más probable es que sus hijos sigan sus patrones de comportamiento con estas sustancias. El ejemplo siempre habla por sí solo.

- Aparte de la educación recibida en casa, los padres deben estar al tanto de la información que reciben sus hijos sobre estos temas en el colegio, de los amigos, del ámbito donde se mueven.

- Saber quiénes son los compañeros de sus hijos es determinante. La presión de grupo es una realidad y las malas influencias también. No obstante, sea cuidadoso con los prejuicios y las críticas sin fundamento.

- Si alguna vez uno de sus hijos le pregunta algo sobre el tabaco, el alcohol o las drogas, no asuma que el joven ya está consumiendo. Los juicios *a priori* de los padres terminan rompiendo y empeorando las relaciones con los hijos.

- Los padres también son seres humanos, no ángeles. Hay que dejar de lado la creencia de que se puede proteger a los hijos de todo. Los jóvenes son autónomos y ellos van a tomar sus decisiones. Lo máximo que se puede hacer es darles las mejores herramientas para que tengan un buen criterio de selección.

- Muchos padres asumen siempre que sus hijos están exentos de comportamientos inadecuados o riesgosos. Lastimosamente esto no siempre es así. Muchas veces son ellos las ovejas negras del grupo de amigos, la mala influencia y los que presionan. Cuando este es el caso, de nada vale evadir la realidad. La mejor solución es enfrentar los problemas.

- Los regaños y los gritos no sirven de nada. Promueven más la rebeldía de los adolescentes. Pase lo que pase, siempre es mejor dialogar, opinar y escuchar.

ENTRE EL CONSUMO Y LA ADICCIÓN

Hay una gran diferencia entre consumir alguna sustancia como tabaco, alcohol o drogas y ser adicto. Cuando los jóvenes comienzan a usar alguno de estos elementos, los padres no deben catalogarlos de buenas a primeras como adictos. El consumo de alguna de estas cosas nunca es equiparable a una adicción. Un adicto, ente otras cosas, "necesita" la sustancia para sentirse bien y por ello hace lo que sea con tal de obtenerla. Por su parte, quienes consumen en eventos sociales, pero no dependen continuamente de ello, no son adictos y no deben ser tratados como tal.

Si los padres están preocupados porque sus hijos están aumentando el consumo de alguna sustancia o se están dejando llevar por esta, pueden:
- Buscar la razón que motiva al adolescente a consumir.
- Dialogar con el joven al respecto. Tratar de acercarse a él.
- Ayudarlo a establecer límites.
- No criticar o juzgar, pues esto cierra las puertas del diálogo.
- Brindarle más información al respecto, para que sepa a qué se enfrenta.

LAS ADICCIONES

Una *adicción* se define como "hábito de quien se deja dominar por el uso de alguna o algunas drogas tóxicas, o por la afición desmedida a ciertos juegos". Existen diferentes adicciones y las más conocidas son al alcohol, al tabaco, a las drogas, a los fármacos, al café, al sexo, a la comida y al trabajo. Cualquiera de ellas, llevadas a límites, puede ser destructiva, ya que impiden llevar una vida sana, armónica y equilibrada.

Alcoholismo

Abusar del consumo de alcohol y ser adicto a este son dos cosas diferentes. Los adolescentes suelen abusar del alcohol, pero no por ello ser adictos. La diferencia entre ambos está no solo en la cantidad de alcohol que se ingiere, sino en el impacto que esto tiene en la vida diaria de una persona. Algunos expertos opinan que tomar cinco o más tragos en un solo momento y repetirlo por más de una vez a la semana es abuso. No obstante, esto depende de la edad, el peso de la persona, la tolerancia, la bebida, la velocidad con que se consume, entre otros aspectos. El abuso del alcohol también es sumamente serio; puede traer consecuencias muy graves e incluso fatales a los jóvenes.

Clasificación del consumo de alcohol

- Consumidor leve: no toma más de cuatro tragos en una noche, una o dos veces al mes. No se emborracha y no bebe en situaciones en las que existen riesgos.
- Consumidor excesivo o abusador: toma una o dos veces a la semana. Por lo general, más de cinco tragos en una misma ocasión. Se emborracha, se involucra en problemas como peleas, tiene episodios en los que consume de manera explosiva, es decir, ingiere grandes cantidades de alcohol en muy poco tiempo, aun cuando haya riesgos implícitos.
- Consumidor dependiente o alcohólico: depende constantemente del alcohol para sentirse bien. Su desempeño académico, social y psicológico se ve afectado de manera negativa por la dependencia. Piensa constantemente en alcohol y en la manera

de conseguirlo y consumirlo, puede robar y hacer otras actividades inadecuadas para obtenerlo.

Otros factores que pueden fomentar el consumo de alcohol

Además de los ya mencionados en este aparte, se deben tener en cuenta los siguientes:
- Participar en actividades sociales en las que se consuma alcohol.
- Haber tenido déficit de atención e hiperactividad en la niñez o trastornos de la conducta.
- Trastornos de personalidad.
- Algún familiar cercano alcohólico.

Las etapas que se presentan con el abuso de alcohol

Hay cuatro etapas en el proceso de consumo excesivo de alcohol que se caracterizan por:
1. Exceso de sociabilidad o euforia; hablan mucho y con todo el mundo.
2. Se altera el juicio, la coordinación motora y el equilibrio.
3. Hay confusión mental, dificultad para hablar; la visión se hace borrosa y es difícil mantenerse parado.
4. Hay agresividad, la persona llora o se ríe sin motivo, se pierde el equilibrio, hay somnolencia y vómito.

Consecuencias físicas del consumo excesivo de alcohol

- Pueden darse alteraciones de tipo genético en el cerebro que afectan los procesos de memoria. Se afecta la habilidad de pensar de manera ordenada y secuencial. Algunos daños en el cerebro pueden ocasionar convulsiones o alucinaciones.
- El funcionamiento del hígado y del páncreas se altera. El hígado puede producir mayor cantidad de enzimas, inflamarse,

presentarse hepatitis o cirrosis. El páncreas puede resultar inflamado.

- Durante el proceso de crecimiento, el exceso de alcohol puede alterar los balances hormonales que permiten el desarrollo propicio del cuerpo. En especial, se afecta el desarrollo del sistema reproductivo.
- El estómago puede inflamarse, sangrar o presentar úlceras.
- El corazón, por las alteraciones causadas, puede presentar un aumento en la presión y un pulso irregular. Además, puede aumentar su tamaño.
- Neuropatía o daños en los nervios.
- Depresión, insomnio y ansiedad.
- Aumentan los riesgos en varios tipos de cáncer.
- Deficiencias nutricionales. Además, se pueden desarrollar síndromes que alteran los procesos de absorción de nutrientes.

Señales de alarma

- Comenzar a beber desde temprano en la semana o en el fin de semana.
- Hacer de cualquier situación una justificación para beber.
- Actos fallidos por dejar de consumir.
- Consumir grandes cantidades y por más tiempo.
- Dejar de hacer otras actividades por estar tomando.
- Ignorar los peligros que trae abusar del alcohol.

¿Qué pueden hacer los padres?

- Si los padres detectan alguno de los comportamientos anteriores, deben tomar medidas pronto. Hablar con el joven y buscar

207

ayuda profesional es pertinente. No evadan ni ignoren ninguna de las señales de alarma.

- Busquen cuáles son los motivos que llevan al joven a abusar del alcohol. Deben revisar las relaciones y el ambiente familiar, el ejemplo que están transmitiendo, el entorno del joven, sus amigos, etc.
- No culparse.
- No desentenderse del problema. Por el contrario, hay que definir cuáles son los factores que han generado esta situación y brindarle al joven el apoyo necesario para que pueda controlarla.
- Lo ideal es no tener que llegar a estos extremos, por eso es importante que los padres estén al tanto de cuánto consumen sus hijos y con qué frecuencia lo hacen. Prevenir siempre es mejor.
- Hay que tener claro que el alcoholismo no es una condición sin remedio. Quienes lo padecen pueden llegar a controlarlo. Es importante el esfuerzo y el apoyo de quienes lo rodean.
- Los padres no saben siempre cómo ayudar a sus hijos. La mejor manera es buscar ayuda profesional, más aún teniendo en cuenta que ser dependiente del alcohol implica que las personas necesitan de dicha sustancia y que al quitársela pueden reaccionar de diferentes modos que no siempre son positivos y que solo un especialista puede conocer y controlar.
- Es importante controlar los sentimientos y expresiones hacia la persona con el problema de adicción. No es recomendable desahogarse con quien depende del alcohol o se excede en su consumo, porque esto puede fomentar una recaída.
- Fortalecer los vínculos familiares. No es el momento de echarse culpas o de agredirse, hay que trabajar en conjunto. Los jóvenes deben sentir constantemente el apoyo de su familia.
- La asistencia profesional sí es pertinente, ya que los profesionales saben las etapas por las que pasa una persona alcohólica,

lo que ocurre en cada una y cómo tratarlas. Al ser ajenos a la persona, se concentran en el tratamiento sin prejuicios.

* Consultar libros de autoayuda puede ser útil; sin embargo, estos no reemplazan un tratamiento médico formal.
* Los grupos de alcohólicos anónimos son una buena opción. Son grupos de apoyo donde las personas pueden exponer sus sentimientos y experiencias, sienten que los demás los comprenden y sienten que es un lugar al que pueden asistir y en el que pueden conocer a otras personas en su misma situación.

La drogadicción

Se entiende por *droga* cualquier sustancia que una vez introducida en el organismo tiene la capacidad de alterar las funciones corporales, las sensaciones, el estado de ánimo y las percepciones sensoriales. Existen varias clases de drogas. Unas, como ciertos fármacos, son "aceptadas" socialmente porque son de uso común. Otras, por su parte, son ilegales, como la marihuana, la cocaína y la heroína.

No todas las drogas son adictivas; asimismo, hay diferentes efectos a corto y largo plazo. También existen dos tipos de adicciones: la fisiológica y la psicológica. En la fisiológica existe una necesidad de obtener la droga para suplir "necesidades" físicas. En estos casos probablemente se presente el síndrome de abstinencia o reacciones físicas negativas del organismo ante la falta de la droga. La adicción psicológica es aquella en que la persona recurre a la droga porque la considera importante para su bienestar psicológico o emocional. Ambos tipos de adicción pueden darse por separado o juntos.

Por lo general, las personas que abusan o son adictas a las drogas desarrollan tolerancia ante estas, razón por la cual necesi cada vez mayores cantidades para alcanzar los efectos dese

No todas las drogas son adictivas, como ya se mencionó, y tampoco tienen las mismas consecuencias físicas. Por ello, detectar el consumo de algunas no es fácil, contrario al consumo de alcohol, en el que existen características evidentes que delatan a la persona. Por otro lado, hay diferentes maneras de consumirlas: unas vienen en pastillas o en polvo, otras se inyectan, algunas se beben, otras se fuman, en fin. Estas formas también afectan la velocidad con que actúan y la manera como surten efecto sobre la persona.

Etapas que se presentan en el consumo de drogas

- Experimentación: las inquietudes propias de la adolescencia pueden motivar a muchos jóvenes a probar drogas solo por saber qué se siente, por parecer mayores, más "capaces" que los demás, por figurar, llamar la atención o aparentar. Muchos adolescentes no pasan de esta etapa.
- Uso social: se da cuando un grupo suele consumir en reuniones o fiestas. Por lo general, todos lo hacen porque los otros lo hacen, como una manera de sentirse parte del grupo y de no ser excluidos. Sin embargo, el consumo no suele ser frecuente, sino esporádico. Muchos lo realizan en grupo como una medida de protección, ya que no son capaces de hacerlo solos.
- Abuso: la persona busca la droga, la consume en grupo y también solo, requiere mayores dosis para obtener los resultados esperados, aunque no presenta dependencia fisiológica aún. Las situaciones de riesgo ya no representan un motivo para detener o evitar el consumo. Las actividades cotidianas pueden virar hacia la consecución y el consumo de la droga, pero no hay un deterioro tan grave o evidente de las actividades sociales o escolares, como en los casos de adicción.
- Adicción: en esta etapa hay una dependencia fisiológica. La cotidianidad de las personas gira en torno a conseguir y consumir

la droga. Todos los ámbitos de la vida de la persona se afectan de manera negativa, y las habilidades y comportamientos de las personas se alteran.

Tipos de drogas

Existen dos categorías generales para clasificar las drogas (las consecuencias físicas y de comportamiento están relacionadas con el tipo):

- Estimulantes: son las que influyen sobre el sistema nervioso central y, en consecuencia, aceleran la actividad orgánica. Entre ellas están las anfetaminas, la cocaína, los alucinógenos (marihuana, LSD, mezcalina), el tabaco, el café, el té y los esteroides anabólicos.
- Depresoras: son sustancias que producen una disminución en la actividad cerebral y corporal. En este grupo están los barbitúricos, los tranquilizantes, los narcóticos (morfina, opio y derivados), los inhalantes (cemento, diluyente) y el alcohol.

Es importante señalar que la adicción a las drogas no se limita a las conocidas drogas ilegales. Los medicamentos de prescripción, las drogas de venta libre, algunos tipos de pegamento, la gasolina, entre otros productos, son otras formas de droga. Estos, al igual que las tradicionalmente conocidas, varían en el tipo de efecto que surten en quien las consume y en las consecuencias físicas y psicológicas que tienen sobre el individuo. En algunos casos, como en el de los medicamentos, detectar su abuso o su adicción puede ser difícil.

¿Cómo detectar el uso de drogas?

A pesar de que no siempre es fácil detectar el uso de droga hay ciertos indicadores que sí se pueden tener en cuenta. A que los efectos de la droga se dan en quienes la han prob la consumen de manera irregular, son más frecuentes en quienes abusan y son adictos. Algunos son:

- Cambios en las actividades cotidianas. Los jóvenes dejan de lado las actividades que normalmente realizaban.
- El desempeño académico o laboral disminuye.
- Cambios de comportamiento con los amigos o personas cercanas. Ya no quieren pasar tanto tiempo con ellos. Incluso puede haber un cambio de amigos, por aquellos que consumen o les suministran la droga.
- Puede que dejen de lado el cuidado del aspecto personal: deciden no bañarse, no cambiarse de ropa, mostrarse descuidados, etc.
- Hay alteraciones en el sueño y el apetito.
- Hay un cambio general en la actitud de la persona.
- Hay cambios drásticos de estados de ánimo: júbilo total o depresión aguda.
- Dejan de cumplir con sus responsabilidades.
- Actúan de manera misteriosa para esconder sus acciones.
- Comienzan a pedir dinero de manera indiscriminada o a robar cosas de la casa para venderlas y conseguir droga.

¿Por qué surge el conflicto con los padres?

- Temen que la situación vaya empeorando.
- Sienten vergüenza de tener un hijo drogadicto.
- Temen que al conseguir las drogas se metan en líos con la justicia, ya que su compra, venta y consumo se hace de manera clandestina.
- Por los intentos fallidos de superar la adicción.

¿Qué pueden hacer los padres?

- No pierdan la calma, infórmense y busquen ayuda profesional.

- Busquen un tratamiento que incluya una revisión de las relaciones familiares, para encontrar posibles detonantes.
- Traten de hablar y dialogar con el joven para indagar su situación, los motivos que lo llevan a ello, etc.
- Algunos padres recurren al castigo y a la prohibición con el fin de alejar a los hijos del consumo. Sin embargo, al hacerlo pueden estar promoviendo que los jóvenes sientan más ansiedad, lo que los impulsa aún más al consumo.
- Revisen los comportamientos individuales y la relación que se ha establecido con el joven.
- Háganle sentir siempre al joven que cuenta con ustedes y que lo apoyan.
- Mantengan abierta la comunicación con los jóvenes.
- Establezcan límites claros de comportamiento entre todos los miembros de la familia, para que todos tengan claro qué es aceptable y qué no en el hogar.
- Refuercen los valores y principios familiares.
- La adicción a las drogas es una situación compleja, difícil, pero es posible llegar a manejarla. Para ello la ayuda de los demás es importante, en especial de la familia.
- Aceptar la adicción a cualquier droga es un proceso difícil para cualquier individuo. Por lo general, las personas niegan que tienen una adicción, por eso es importante hacerles ver que sí necesitan ayuda. Acercarse al adolescente que está en esta situación requiere claridad, afecto y sabiduría, ya que este puede creer que los demás lo están atacando y que no comprenden sus necesidades o sus razones, por lo que podrá evadir completamente la situación.

Otras adicciones

Existen adicciones diferentes a las ya mencionadas que pueden estar asociadas con otros comportamientos en los que las personas incurren y que las hacen sentir que dependen de ellos para sentirse cómodas y seguras.

Entre las más comunes actualmente se encuentran la adicción a los juegos de video, a los juegos de azar y a Internet.

Como las actividades de las que se habla en este caso tienden a ser aceptadas socialmente y a verse como "normales", es factible que las personas justifiquen el abuso o la adicción a ellas. Es importante aprender a diferenciar cuál es el límite, cuándo la actividad realmente es necesaria para la persona y cuándo le está causando más daños que beneficios. La negación en este tipo de adicciones es más fácil porque hay más justificaciones para explicar la conducta. Este tipo de negación representa una dificultad para tomar medidas que le hagan frente al problema.

Las etapas que se presentan en otras adicciones

De la misma manera que en los casos de drogadicción y alcoholismo, la adicción a otras actividades también presenta cuatro etapas:

- Introducción: en esta etapa las personas entran en contacto por primera vez con la actividad, sin importar el motivo que las lleve a ello.
- Uso social: se refiere al uso "normal", socialmente aceptado de esta acción. Por ejemplo, todos los estudiantes usan Internet para realizar sus labores escolares, de manera que está bien hacerlo.
- Abuso: aunque no se es adicto, la actividad se realiza con más frecuencia de lo común, lo que va afectando el desarrollo de otras actividades, la evasión de obligaciones y responsabilidades, la disminución del rendimiento académico y, por ende, la perturbación de las relaciones sociales.
- Adicción: la persona está continuamente realizando esta actividad, dejando de lado prácticamente todos los demás aspectos

de su vida. La actividad se vuelve la prioridad número uno en la vida y todo se afecta por ello.

Adictos a Internet

El uso excesivo de Internet puede interferir de manera negativa con el desempeño social y la socialización de las personas. En el caso de los jóvenes es preocupante, porque ellos están atravesando una etapa crucial para su desarrollo, que comprende llevar a la práctica las habilidades sociales. Si este proceso se trunca, los adolescentes no podrán saber a ciencia cierta quiénes son, qué les gusta y qué no, ya que esto en gran medida se logra en el intercambio con los otros.

El abuso de Internet lleva a muchos jóvenes a alejarse de los ámbitos sociales, de realizar otro tipo de actividades, lo que los va excluyendo de la sociedad.

Para muchos padres es difícil saber cuándo los hijos están abusando de Internet porque es muy fácil justificar su uso: una tarea, una investigación, entrar al *chat*, ver el correo, etc.

¿Qué pueden hacer los padres?

- Deben estar al tanto del tiempo que sus hijos pasan frente al computador y el uso que le están dando.
- Explíquenles que no toda la información que se encuentra en la red es veraz.
- Fijen los horarios de uso de Internet.
- Fomenten las actividades en las que el joven pueda compartir con la familia y los amigos, que sean de su gusto y aceptación.

Adictos a los juegos de azar y a los videojuegos

Los videojuegos y los juegos de azar implican una competencia constante con otros y consigo mismo, lo cual es muy atrayente para los jóvenes. Estas actividades pueden llegar a absorber tanto su tiempo y su interés que dejan de lado otros intereses para dedicarse solo a pensar, por ejemplo, en cómo superar un nivel del juego. Cuando los jóvenes se involucran tanto con estas actividades, comienza a disminuir su rendimiento académico, evitan el contacto social, hablan constantemente de los juegos, incluso gastan todo su dinero en adquirir nuevos juegos y se vuelven monotemáticos. Algunas veces, quienes participan en estas actividades pueden llegar a hacer apuestas, lo que empeora el problema. Las apuestas son otra fuente de motivación para continuar en su comportamiento.

En el caso de los juegos de azar, los jóvenes pueden comenzar solo por el hecho de realizar una actividad entretenida, pero a mayor compromiso y cuando hay dinero de por medio, las cosas pueden convertirse en una obsesión por ganar.

¿Qué pueden hacer los padres?

- Establezcan con sus hijos reglas para el uso de los videojuegos.
- Fomenten en ellos otras actividades de su interés.
- Explíquenles con claridad el sentido de las apuestas, más cuando se trata de dinero.
- Busquen ayuda profesional para tener orientación acerca de cómo manejar el tema o para hacer una intervención directa con el joven.

Adicción al deporte

La adicción al deporte es aquella en la que los jóvenes exageran la cantidad de deporte que realizan, sin importar el tipo que sea. Mucha gente no lo ve como una actividad negativa porque mantenerse bien y cuidar la figura son cosas deseables y normales, y porque los medios siempre venden el cuidado físico del cuerpo como algo importante para el bienestar de las personas. Sin embargo, todo exceso es malo. Un abuso en esta actividad puede incluir desde afecciones graves para la salud, hasta un alejamiento de la vida social normal, al igual que lo producen otras adicciones. En otros casos, el rendimiento normal de la persona se reduce, lo que puede afectar gravemente el desarrollo en otros ámbitos, como el laboral o el escolar.

A veces, el exceso de ejercicio puede ser una señal de que hay un trastorno de alimentación. Más adelante se habla de este tema. No obstante, hay que tenerlo presente.

¿Qué pueden hacer los padres?

- Identificar los motivos por los cuales el joven abusa del ejercicio: baja autoestima, un trastorno de alimentación, una distorsión de la imagen corporal, entre otros.
- De acuerdo con la razón, buscar ayuda profesional para que el joven pueda superar la adicción, y para que quiera y acepte su cuerpo como es.

TRASTORNOS DEL COMPORTAMIENTO ALIMENTARIO

El comportamiento alimentario se refiere a los hábitos regulares que una persona tiene para ingerir sus alimentos. Es decir, qué come, cuánto, cuándo, dónde y con quién. Por lo general, las personas que no tienen un comportamiento normal o común con la comida, debido a alguna enfermedad, son las que presentan un trastorno del comportamiento alimentario (TCA), como la anorexia nerviosa, la bulimia nerviosa y otros trastornos alimentarios no especificados. Los tres trastornos están definidos como enfermedades psiquiátricas con complicaciones físicas; es decir, afectan el estado normal del cuerpo, poniendo en riesgo la salud física y mental.

Anorexia nerviosa

Esta enfermedad está catalogada como una enfermedad psiquiátrica en la que la persona tiene una percepción distorsionada de su cuerpo: no se ve ni se concibe a sí misma (en lo físico) como realmente es.

La anorexia nerviosa se presenta básicamente de dos formas: anorexia restrictiva, cuando la persona solo deja de comer, y anorexia purgativa, cuando además de limitar el consumo de alimentos se purgan con diuréticos, lavados intestinales, laxantes o se inducen el vómito.

Criterios para diagnosticar la anorexia nerviosa

Se determina que una persona padece anorexia nerviosa si presenta la mayoría de las siguientes señales:

- Negarse a mantener el peso normal que le corresponde según su altura y edad.
- Pesar menos del 85 % de lo que debería pesar según su estatura y edad. Es decir, estar 15 % por debajo de su peso establecido.
- Amenorrea, es decir, suspensión del ciclo menstrual por tres periodos consecutivos. Si se trata de una niña en etapa premenstrual, el síntoma es el no desarrollo del ciclo menstrual.
- Miedo intenso de aumentar de peso o de engordar, sin importar si la persona está bastante por debajo del peso adecuado que le corresponde.
- Negar frente a los demás que está muy delgado.
- Sentirse permanentemente gordo a pesar de su bajo peso.
- En una autoevaluación de su cuerpo, no darle la importancia requerida a su bajo peso ni a su apariencia física.
- No tener ninguna enfermedad física que sea motivo de su bajo peso.

Recuerde que solo un especialista debe determinar si alguien tiene o no anorexia nerviosa. Es importante que se haga una correcta evaluación para dar el diagnóstico acertado. Encontrar alguno de estos síntomas en su hijo no necesariamente significa que tenga un TCA, por eso hay que acudir a un médico.

Consecuencias físicas

Debido a la falta de una alimentación adecuada, el cuerpo puede verse gravemente afectado. La desnutrición causada por la restricción de alimentos ocasiona problemas muy graves en el organismo que pueden incluso llevar a la muerte a quien los padece.

Estas alteraciones físicas son:

- Trastornos en el funcionamiento regular de algunos órganos del cuerpo, como los riñones y el hígado.
- Complicaciones cardiovasculares graves, como irregularidades en el ritmo cardiaco, presión baja y ritmo cardiaco bajo.
- Estreñimiento.
- Dolor abdominal.
- Anemia.
- Descalcificación en los dientes y problemas en el esmalte dental causados por los ácidos gástricos del vómito.
- Cabello delgado y opaco.
- Lanugo o crecimiento de pelo delgado sobre todo el cuerpo (como en los bebés).
- Osteoporosis.
- Amenorrea, interrupción del ciclo menstrual debido a la disminución de la producción de estrógeno.
- Problemas para dormir (básicamente, insomnio).
- Las heridas toman más tiempo de lo normal para sanar.
- Desmayos y mareos.

Riesgos y complicaciones

De las personas con anorexia, hay un porcentaje que muere por suicidio y por complicaciones médicas. Sin embargo, la gran mayoría de ellas puede, accediendo al tratamiento, salir de este cuadro clínico y llegar a manejar el trastorno.

Las complicaciones médicas y los riesgos más frecuentes son:

- Aumenta el riesgo de contraer infecciones.
- El metabolismo se vuelve más lento.
- El funcionamiento normal del cerebro puede afectarse.
- Las alteraciones en el sistema cardiovascular pueden agudizarse tanto que evolucionan en arritmias e incluso en paros cardiacos debido al desbalance de electrolitos.
- Se modifica gravemente el funcionamiento normal en los sistemas gastrointestinal, neurológico, hematológico y endocrino.
- Pueden presentarse daños graves en el hígado.
- Los dientes y los huesos sufren daños considerables debido a la descalcificación. Estos daños muchas veces son irreparables.

¿Cómo identificar a un joven con anorexia nerviosa?

Hay señales claras en el comportamiento de la persona con anorexia, que pueden indicar que algo no es "normal". Si usted observa que varias de ellas se están manifestando al tiempo en alguno de sus hijos, debe actuar. Las señales son:

- La persona ha perdido peso drásticamente en los últimos meses.
- Su apariencia no es la de una persona simplemente delgada, sino que comienza a verse excesivamente flaca, casi esquelética.
- Las extremidades, sobre todo, se ven muy delgadas. Toman apariencia de palos.
- Estas personas dejan de comer en público o siempre tienen excusas para no comer con la familia.

- Algunos van al baño inmediatamente después de comer y regresan con los ojos rojos y llorosos porque se han forzado a vomitar.
- Preguntan mucho a los demás si se ven gordos o cómo se ven físicamente.
- Comienzan a obsesionarse por las dietas, la comida y el peso.
- Se pesan y se miden a diario.
- Los ojos comienzan a vérseles hundidos dentro de la cara.
- La cara comienza a "chuparse", demarcando mucho los pómulos.
- Se aíslan socialmente.
- Constantemente están con frío, así esté haciendo calor. Las uñas, las manos y los pies se tornan de color morado.
- Pueden volverse compulsivos con el ejercicio.
- Presentan fluctuaciones drásticas de estado de ánimo.
- Comienzan a deprimirse fácilmente.

Bulimia nerviosa

La bulimia es una enfermedad que comprende un ciclo compuesto por tres etapas: la restricción, la sobrealimentación (o atracón) y la compensación.

La restricción es abstenerse de comer. El atracón es comer grandes cantidades de alimentos con una sensación de pérdida de control, donde no hay una sensación de placer asociada y que se lleva a cabo en un periodo de más o menos dos horas. Una persona come durante el atracón aquello de lo cual se priva durante la restricción. Pasado el atracón, el paciente comienza a sentirse culpable y busca la manera de compensar la ingesta desproporcionada de alimentos que acaba de acometer. Por eso se llama "compensación" a la tercera etapa del ciclo. Las formas más comunes de compensar son la purga por medio de laxantes, enemas o diuréticos, el vómito inducido o el ejercicio compulsivo.

Existen dos tipos de bulimia. La purgativa y la no purgativa. En ambos casos se presentan los atracones y las restricciones, la diferencia radica en la manera como los pacientes realizan la compensación:

- Bulimia purgativa: en este tipo los pacientes compensan haciendo uso de laxantes, enemas (lavados intestinales) y diuréticos o induciendo el vómito.
- Bulimia no purgativa: en esta clase los enfermos no compensan haciendo uso de purgantes, sino realizando ejercicio físico compulsivamente o restringiendo la comida más drásticamente de lo usual después de un atracón.

Criterios para diagnosticar la bulimia nerviosa

Se diagnostica la bulimia nerviosa mediante los siguientes síntomas:

- Episodios recurrentes de atracones (comer muchas cosas de manera desaforada en muy corto tiempo).
- Episodios de compensación (laxantes, diuréticos, abuso de ejercicio, vómito o ayuno) después de los atracones para evitar ganar peso.
- Realizar el ciclo atracón-compensación dos veces por semana, durante tres meses.
- Tener la preocupación centrada en la apariencia del cuerpo y su peso.
- No tener anorexia nerviosa.

Diagnosticar si una persona tiene o no bulimia nerviosa es tarea de un especialista. Nunca determine usted mismo si su hijo tiene o no esta enfermedad. Es importante recurrir al grupo de especialistas indicado para recibir un dictamen pertinente.

Consecuencias físicas

Cuando una persona ha tenido bulimia nerviosa por un tiempo prolongado sin ser tratada, su organismo puede sufrir graves daños. Algunas consecuencias son:

- Deshidratación.
- Desbalance del nivel normal de electrolitos en el cuerpo. Úlceras en la garganta y el esófago.
- Trastornos en el sistema gastrointestinal, incluso puede presentarse una úlcera gástrica.
- Problemas dentales, como descalcificación en los dientes.
- Alteración del ritmo cardiaco por el abuso de sustancias para inducir el vómito.
- Deficiencias en los niveles de vitaminas y minerales.
- Sinusitis y otras afecciones nasales.

¿Cómo identificar a un joven con bulimia nerviosa?

Las señales que pueden observarse en las personas son:

- Piensan siempre en la comida y las calorías ingeridas.
- Están obsesionados por el peso y la figura.
- Se preocupan por cómo lucen, la apariencia física, la moda, etc.
- Llevan a cabo un régimen estricto de ejercicio a pesar del tiempo, la hora, las circunstancias o el cansancio.
- Suelen aislarse socialmente porque se avergüenzan de su peso o de su apariencia.
- En su vocabulario incluyen expresiones ansiosas por tener sobrepeso. La ansiedad no la calman bajando de peso.
- Al contrario de los anoréxicos, los bulímicos están en su peso normal o un poco por encima del que requieren.
- Suelen ir al baño apenas acaban de comer y regresan con los ojos rojos por forzarse a vomitar.

- Algunos pueden padecer constantemente dolores de cabeza o tener mal aliento.
- Gastan mucho dinero en comida y compran cantidades desmesuradas de alimentos.

¿Qué pueden hacer los padres?

- Buscar la ayuda profesional adecuada. Cuanto antes se traten los trastornos de alimentación, menores serán los daños físicos y emocionales.
- Muchos padres piensan que las prácticas de la anorexia son caprichos pasajeros de sus hijos y que en algún momento las dejarán de lado. Sin embargo, esto no es así. Es muy difícil y poco probable que alguien con anorexia nerviosa pueda llegar a manejar la enfermedad sin la ayuda necesaria. Por esto es importante tratarla como corresponde.
- Se recomienda que los tratamientos para los TCA sean realizados en equipo por varios especialistas al mismo tiempo: un médico psiquiatra, un psicólogo y un nutricionista. Hoy se encuentran varios grupos de especialistas ya conformados en equipo que trabajan específicamente los TCA. Incluso en algunos países hay centros especializados en estas enfermedades.
- Para encontrar el centro de asistencia adecuado recurra a su médico familiar, averigüe en hospitales y centros de salud, busque en la guía telefónica de su ciudad o por Internet.
- Infórmese para hacerse un panorama general de estas enfermedades. Es importante que la familia y los allegados al paciente conozcan de qué se tratan los TCA, cuáles son sus causas, las consecuencias que pueden traer a la persona, dónde buscar ayuda y qué pueden hacer al respecto. Cuando los padres saben con certeza a qué se están enfrentando, pueden tomar decisiones más certeras, apoyar mejor al paciente y prepararse emocionalmente para sobrellevar el tratamiento.

- También hay muchos libros testimoniales, de personas que tuvieron alguno de los trastornos de alimentación y lograron llegar a manejarlo. Estos ejemplos vivenciales son importantes para los pacientes porque así pueden conocer cómo es el proceso, cuánto tiempo toma, qué es posible esperar y qué no.
- Los programas de autoayuda son útiles como soporte y apoyo de los tratamientos especializados. También son ideales como métodos preventivos. Aunque nunca son sustitutos de los tratamientos médicos especializados.

LOS TRASTORNOS DE ANSIEDAD

Los trastornos de ansiedad son los problemas de salud mental más comunes que se presentan en los niños y los adolescentes.

Es normal que los jóvenes desarrollen ciertos miedos y experimenten ansiedad frente a la conciencia de su propia individualidad, los nuevos retos sociales, las exigencias académicas, el cambio a veces impredecible de su cuerpo y sus estados de ánimo. Con el tiempo, estos miedos desaparecen, en la medida en que van aprendiendo y desarrollando destrezas para manejar esta etapa. Pero cuando sus miedos no se disipan e interfieren en el desarrollo normal de la vida, generando problemas académicos, familiares o interpersonales, y cuando las manifestaciones de ansiedad son muy intensas, puede ser signo de un trastorno de ansiedad que requiere ayuda profesional de psicólogos o psiquiatras (psicoterapia individual y a veces terapia de familia; algunas veces también se requiere medicación). En este punto, los trastornos de ansiedad no desaparecen por sí solos, sino que, por el contrario, se pueden intensificar y predisponer a sufrir otros trastornos emocionales, de ahí la importancia de manejarlos a tiempo.

Manifestaciones físicas y emocionales

Existen muchos trastornos de ansiedad diferentes que afectan a los niños y a los adolescentes y que requieren atención especializada a cargo de un médico u otro profesional de la salud. Sería largo enumerarlos. En general, se asocian con tres o más de los siguientes síntomas:

- Preocupación crónica imposible de controlar.
- Mal humor, irritabilidad.
- Temor marcado y persistencia sobre uno o más aspectos del rendimiento social. Temor exagerado a la crítica.
- Nerviosismo.
- Cansancio fácil.
- Tensión muscular, temblor, dolor de cabeza, movimiento continuo de las piernas o incapacidad para relajarse.
- Alteraciones del sueño: dificultad para conciliar o mantener el sueño o sensación al despertarse de no haber descansado o dormido bien.
- Sudoración, palpitaciones o taquicardia, problemas gastrointestinales, sequedad en la boca, mareos, hiperventilación (aumento del número de respiraciones por minuto).

Tenga en cuenta

Cuando la ansiedad, la preocupación o los síntomas físicos provocan un malestar significativo o deterioro en las relaciones familiares, sociales o en otras áreas importantes de la actividad de los jóvenes, es necesario buscar ayuda profesional.

EL ESTRÉS

Hoy se manejan altos niveles de estrés en la vida cotidiana. Muchos jóvenes, al salir del cuidado de los padres y entrar en el mundo de los adultos, no logran manejar bien las nuevas situaciones que se les presentan y comienzan a tener niveles de estrés muy altos. En la gran mayoría de los casos, los adolescentes se sienten incapaces de asumir toda la responsabilidad que exige crecer. Sienten que se les está exigiendo demasiado, y la respuesta, por lo general, se manifiesta en problemas de adaptación que van desde depresión y ansiedad hasta comportamientos extremos, como vandalismo, actos irresponsables, peleas y rompimiento de las reglas.

Algunos de los detonantes de este estrés son la culminación repentina de alguna relación afectiva, dificultades de integración en el colegio, rechazo por parte de sus compañeros, inconvenientes con los padres, problemas académicos, entre otros.

El estrés también debe ser tratado por psicólogos o psiquiatras, que ayudarán al joven a manejar las situaciones que le generan conflicto.

Señales de altos niveles de estrés

- Cambios en el estado de ánimo: depresión, tristeza, etc.
- Cansancio
- Dolores de cabeza
- Comer, fumar o tomar en exceso
- Nerviosismo
- Falta de concentración
- Ataques de ira
- Retraimiento social

AGRESIVIDAD

Como ya se ha dicho, durante la adolescencia los jóvenes van a cuestionar todo lo establecido a su alrededor. Se produce un choque al encontrar un mundo y una realidad que no les gusta del todo —incluidos los padres—, que los decepciona, los confronta consigo mismos; y muchos canalizan ese descontento de manera agresiva. De ahí que sea más común que durante esta época se desaten ataques de ira o furia contra otros, como una manera de culparlos por lo que sucede. Sin embargo, también hay un límite a las reacciones "normales".

Algunos factores que desencadenan la agresividad pueden ser de carácter fisiológico; otros, por el contrario, están íntimamente relacionados con el medio que los rodea: una situación económica específica, problemas familiares, falta de un proyecto de vida, inviabilidad de un futuro concreto, discriminación o rechazo entre pares, problemas en el colegio, entre otros.

¿Cómo manejar la agresividad?

Cuando la furia logra descontrolar a los jóvenes completamente y de manera recurrente, hay que recurrir a la ayuda psicológica o psiquiátrica cuanto antes, para buscar un diagnóstico preciso y comenzar un tratamiento acorde con la situación del joven. Muchos adolescentes pueden llegar a hacer cualquier tipo de locura cuando se dejan llevar por la ira, incluso matar a otros. De ahí la importancia de tomar medidas a tiempo.

LA DEPRESIÓN

No siempre es fácil detectar en un joven cuándo se trata de depresión propiamente dicha o cuando es tristeza, sentimiento muy propio de la adolescencia, dados los tremendos cambios por los que están pasando los jóvenes.

La depresión tiene síntomas que en muchos casos se confunden con los estados de ánimo pasajeros y con la inestabilidad que sufren los jóvenes en su constante búsqueda de una identidad, un entorno, amigos, etc. Pero cuando estos se vuelven recurrentes y constantes, son señal de alarma y hay que prestarles atención.

Muchas veces, además, una depresión puede ser la causa de una adicción. De manera que detrás del consumo excesivo de alcohol o drogas puede estar la depresión. Cualquier cambio drástico en el comportamiento habitual del joven debe ser tenido en cuenta. No obstante, hay señales más contundentes.

La depresión puede ser desatada por muchos factores: problemas en casa, incapacidad de adaptarse, miedo al futuro que se les abre, deseo inmenso de llamar la atención de los padres, pánico a fracasar, pérdida de un ser querido, divorcio o separación de los padres, en fin, son muchas las razones. Además, cada caso tiene sus elementos particulares.

Síntomas de la depresión

- Decaimiento del estado de ánimo.
- Cansancio continuo.
- Pérdida de interés por las actividades que solía desempeñar habitualmente.
- Cambios en el sueño: dormir mucho, no dormir, despertarse en la noche o muy temprano.
- Cambios drásticos en el peso: ganar o perder peso.
- Agitación o lentitud psicomotora.
- Pérdida de concentración.
- Temores infundados.
- Sentimientos recurrentes de inutilidad y suicidio.
- Culpabilidad.
- Pesimismo y desesperanza.
- Muy baja autoestima.
- Asilamiento social.
- Irritabilidad persistente.
- Falta de interés por los amigos.
- Deja de sentir placer con las cosas que antes le gustaban.

¿Cómo manejar la depresión?

Ante todo, es importante buscar ayuda profesional, ya sea de un psicólogo o de un psiquiatra; primero para que diagnostique si se trata de depresión y, segundo, para que establezca el tratamiento que debe seguirse. A veces una terapia individual es suficiente para superar la depresión; otras veces, por el contrario, se requerirán medicamentos que solo un psiquiatra puede recetar.

Los padres no deben subestimar una depresión profunda. Muchas veces la persona no logra salir de ella por sí misma, puede no ser algo pasajero y sí se requiere ayuda. No deje de apoyar al joven cuando sea el caso.

Suicidio

En los últimos años el índice de suicidios en adolescentes ha aumentado. Las razones son diversas y específicas para cada caso. No obstante, situaciones difíciles, como los divorcios, problemas familiares graves, violencia intrafamiliar, pérdida de un padre, abuso sexual, presiones externas, problemas con su sexualidad, abuso de drogas o alcohol pueden contribuir a un estado depresivo que termina en suicidio.

Algunas señales que indican tendencias suicidas

- Continuas reflexiones personales sobre la muerte.
- Hablar permanentemente de la muerte.
- Regalar sus cosas.
- Organizar sus cosas, como queriendo dejar todo en orden.
- Amenazas directas de suicidarse.

A estas deben sumarse las ya citadas como señales de depresión.

¿Qué pueden hacer los padres?

- Buscar cuanto antes la ayuda profesional de un psicólogo o un psiquiatra. De una depresión no se sale sin el tratamiento preciso.
- No negar la realidad. Si el origen de la depresión es evidente (la pérdida de un ser querido, una separación, etc.) hable con sus hijos de ello.
- Hablar con el joven, hacerlos sentir su afecto y apoyo.
- Si se trata de un joven que está expresando continuamente ideas de suicidio, tómelas en serio y busque ayuda. No subestime estos mensajes. Tampoco los desafíe a que lo hagan, porque seguramente lo harán.
- No abandone al joven.

OBRAS CITADAS

Garner, D., Garfinkel, P., Schwartz, D. & Thompson, M. (1980). Cultural expectations of thinness in women. *Psychological Reports, (47)*, 483-491.

Hacker, K., Amare, Y., Strunk, N. & Horst, L. (2000) Listening to youth: teen perspectives on pregnancy prevention. *Journal of Adolescent Health, (26)*, 4, 279-288.

Tasset, J. M. (1980). *Teoría y práctica de la psicomotricidad*. Buenos Aires: Paidós.